하루 한장 독해

KB127301

비문학 독해

사회편 **3** 단계 (3, 4학년)

하루 한장 독해

비문학 독해

사회편 3단계 (3, 4학년)

WRITERS

미래엔콘텐츠연구회 & 김진아, 이은영, 정지민, 조현주

미래엔콘텐츠연구회는 No1. Contents를 개발합니다.

COPYRIGHT

인쇄일 2023년 10월 10일(1판4쇄)
발행일 2022년 12월 1일

펴낸이 신광수
펴낸곳 (주)미래엔
등록번호 제16–67호

융합콘텐츠개발실 황은주
개발책임 정은주
개발 김지민, 김현경

디자인실장 손현지
디자인책임 김병석, 김기욱
디자인 이돈일, 김단비

CS본부장 강윤구
제작책임 강승훈

ISBN 979-11-6841-057-2

우리는 수많은 글에 둘러싸여 살아가고 있습니다.
이야기책이나 교과서 글뿐 아니라,
전단의 광고 문구, 가정 통신문의 안내 글,
인터넷 속의 다양한 자료와 글 …

그래서 우리는 글과 자료에 담긴 지식과 정보를
정확하게 이해하고 해석하는 능력을 키워야 합니다.
단순히 글자를 눈으로 읽어 내는 것이 아니라,
사실을 확인하고 의미를 이해하고 핵심을 파악해야
제대로 독해했다고 볼 수 있습니다.

하루 한장 독해의 비문학 독해 사회편은
우리가 궁금해 하는 사회의 폭넓은 이야기를 통해
제대로 독해하는 능력을 키우는 교재입니다.

하루에 한 장씩! 독해의 세계로 떠나 볼까요?

이 책의
구성과 특징

재미있게 ③ ④ ⑤ 학습해요!

③ 매일매일
'매체 독해+글 독해+하루 어휘'
3가지 학습을 할 수 있어요.

④ 블렌디드 러닝인
4번째 학습으로 배경지식을
넓히고 심화시킬 수 있어요.

⑤ 25일차 구성으로
하루 한 장씩 학습하면
5주에 완성할 수 있어요.

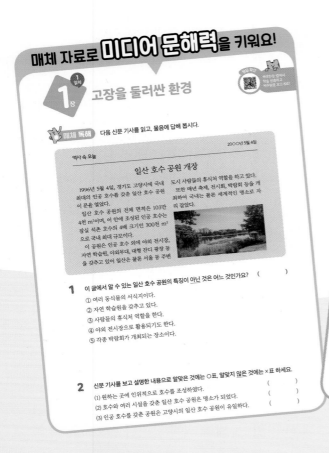

매체 자료로 **미디어 문해력**을 키워요!

1장 1일차
고장을 둘러싼 환경

매체 독해 다음 신문 기사를 읽고, 물음에 답해 봅시다.

2000년 5월 4일

역사 속 오늘

일산 호수 공원 개장

1996년 5월 4일, 경기도 고양시에 국내 최대의 인공 호수를 갖춘 일산 호수 공원이 문을 열었다.
일산 호수 공원의 전체 면적은 103만 4천 m²이며, 이 안에 조성된 인공 호수는 잠실 석촌 호수의 4배 크기인 300천 m²으로 국내 최대 규모이다.
이 공원은 인공 호수 외에 야외 전시장, 자연 학습원, 야외무대, 대형 잔디 광장 등을 갖추고 있어 일산은 물론 서울 등 주변

도시 사람들의 휴식처 역할을 하고 있다.
또한 매년 축제, 전시회, 박람회 등을 개최하여 국내는 물론 세계적인 명소로 자리 잡았다.

1 이 글에서 알 수 있는 일산 호수 공원의 특징이 아닌 것은 어느 것인가요? (   )
① 여러 동식물의 서식지이다.
② 자연 학습원을 갖추고 있다.
③ 사람들의 휴식처 역할을 한다.
④ 야외 전시장으로 활용되기도 한다.
⑤ 각종 박람회가 개최되는 장소이다.

2 신문 기사를 보고 설명한 내용으로 알맞은 것에는 ○표, 알맞지 않은 것에는 ✕표 하세요.
(1) 원하는 곳에 인위적으로 호수를 조성하였다. (   )
(2) 호수와 여러 시설을 갖춘 일산 호수 공원은 명소가 되었다. (   )
(3) 인공 호수를 갖춘 공원은 고양시의 일산 호수 공원이 유일하다. (   )

폭넓은 사회 이야기로 **공부력**을 키워요!

글 독해 다음 글을 읽고, 물음에 답해 봅시다.

우리는 다양한 환경에 둘러싸여 살아가고 있습니다. 환경은 사람들이 살아가는 데 영향을 주는 우리 주변의 모든 것을 말합니다. 산, 하천, 바다와 같은 자연환경뿐만 아니라 주택, 공장, 도로와 같은 인문 환경도 포함합니다.

자연환경은 자연 그대로의 환경으로, 산, 들, 하천, 바다 등 땅의 생김새나 계절에 영향을 주는 [1]기온, [2]강수량, 바람 등을 말합니다. 우리가 살고 있는 땅의 생김새는 무척 다양합니다. 어느 곳은 넓고 평평하지만, 어느 곳은 뾰족한 산봉우리가 있고, 구불구불 물이 흐르기도 합니다. 이렇게 다양한 땅의 생김새를 '지형'이라고 합니다. 기온, 강수량, 바람 등은 그날그날의 날씨에 영향을 주며, 이러한 날씨가 어떤 장소에서 여러 해에 걸쳐 나타나는 것을 모아 [3]평균을 낸 것을 '기후'라고 합니다. 지형과 기후는 항상 똑같은 것이 아니라 다양한 원인에 의해 끊임없이 변화하고 있습니다. 지형과 기후로 대표되는 자연환경은 고장마다 다르게 나타나며, 사람들은 자연환경의 영향을 받아 다양한 모습으로 살아가고 있습니다.

인문 환경은 자연을 이용하여 사람들이 만들어 낸 환경으로, 학교, 주택, 공장 같은 건물이나 도로, 철도 등을 말합니다. 같은 호수라고 해도 사람의 손이 닿지 않은 자연 그대로의 호수는 자연환경이지만, 사람들이 만들어 낸 인공 호수라면 이것은 인문 환경이 됩니다. 인문 환경은 [4]인위적으로 만들어 낸 환경으로, 우리의 눈에 보이지 않지만 인간 활동의 결과로 만들어진 [5]문화도 인문 환경에 속합니다. 오늘날에는 도시가 발달하고 산업이 성장하면서 사람들은 더 많은 인문 환경을 만들어 내고 있습니다. 넓은 들판에 논이나 밭을 만들고, 산을 깎아 도로를 만들기도 하며, [6]간척 사업을 하여 바다를 땅으로 만들기도 합니다.

[1] 기온: 대기(공기)의 온도
[2] 강수량: 비, 눈, 우박 등의 형태로 정해진 기간 동안 정해진 장소에 떨어진 전체 물의 양 단위는 mm
[3] 평균: 여러 개의 합을 그 여러 개로 나누어 고르게 한 값
[4] 인위적: 자연의 힘이 아닌 사람의 힘으로 이루어지는 것
[5] 문화: 어떤 사회의 구성원들로부터 배우고 전달받은 생활과 행동 방식 및 그 속에서 만들어 낸 모든 것
[6] 간척: 육지에 접한 바다나 호수의 일부를 둑으로 막고, 그 안의 물을 빼내어 육지로 만드는 일

배경+지식 넓히기 환경을 이용하는 모습
들이 많은 고장, 산이 많은 고장, 바다와 가까운 고장 등 고장마다 자연환경의 모습은 다양합니다. 또 고장마다 사람들이 만들어 낸 인문 환경도 다양하여 공장이 많은 고장, 논이나 밭이 많은 고장 등 여러 모습이 나타납니다.

• **미디어 문해력이란?** 매체가 제공하는 다양한 정보를 해석하고 이해하는 능력입니다.

• **그래서 매체 독해가 필요해요!** 일상생활에서 각종 매체를 통해 제공되는 카드 뉴스, 광고, 그래프 등을 이해하고 해석하는 힘을 키울 수 있습니다.

• **사회 교과 연계로 학습 자신감이 생겨요!** 초등 사회 교과서와 연계하여 선정한 주제로 독해 실력은 물론, 사회 학습의 자신감도 키울 수 있습니다.

• **배경지식을 넓혀요!** 주제와 관련된 글 자료, 영상 자료로 깊이 있는 학습을 할 수 있어요.

똑똑하게 독해의 힘을 키워요!

비문학 독해의 힘 글을 구조화하여 읽으며 글 속의 지식과 정보를 파악하는 힘을 키워요.

매체 독해의 힘 미디어로 둘러싸인 환경 속에서 매체 정보를 해석하고 이해하는 힘을 키워요.

하루 한 장의 힘 많은 학습량을 욕심내지 않고 하루에 한 장으로 꾸준하게 공부하는 힘을 키워요.

블렌디드 러닝의 힘 글을 읽다가 꼬리를 물고 이어지는 궁금증을 스스로 해결하는 힘을 키워요.

다양한 문제로 비문학 독해력을 키워요!

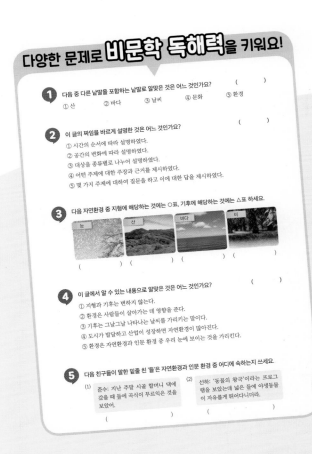

매일매일 어휘력을 키워요!

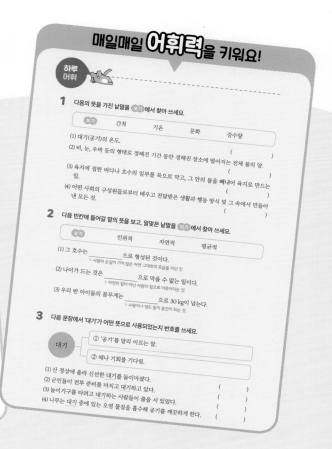

- **핵심을 파악하는 힘을 키워요!** 제목 정하기, 세부 내용 확인하기, 중심 내용 찾기 등의 문제를 통해 글의 핵심을 파악하는 힘을 키웁니다.

- **확장하여 생각하는 힘을 키워요!** 의견 나누기, 미루어 짐작하기, 다른 사례에 적용하기 등의 문제를 통해 확장하여 생각하는 힘을 키웁니다.

- **기본적인 뜻과 쓰임을 익혀요!** 새롭게 알게 된 낱말의 기본적인 뜻과 문맥 속에서의 쓰임을 익힙니다.

- **관련 어휘를 함께 공부해요!** 비슷하거나 반대의 뜻을 가지고 있는 말, 헷갈리는 말 등을 묶어서 공부하며 어휘력을 키웁니다.

이 책의 차례

바른답 · 알찬풀이

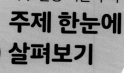

┃ 비문학 독해 과학편 ❶~❻ ┃

		주제1	주제2	주제3	주제4	주제5
1~2학년	❶단계	우리 주변의 식물	나의 몸	계절과 날씨	고마운 에너지	소중한 물
		우리 주변에서 볼 수 있는 식물의 특징을 살펴보자.	눈, 귀, 코, 혀 등 우리 몸이 하는 일을 살펴보자.	우리나라 사계절의 특징과 날씨, 일기 예보에 대해 알아보자.	에너지의 뜻과 에너지를 절약하는 방법을 알아보자.	물의 세 가지 상태와 물의 중요성을 알아보자.
	❷단계	주제1 우리 주변의 동물	주제2 안전한 생활	주제3 우리가 사는 지구	주제4 소리의 세계	주제5 물질의 성질
		우리 주변에서 볼 수 있는 동물의 특징을 살펴보자.	우리가 질병이나 사고로부터 안전하게 생활할 수 있는 방법을 알아보자.	우리가 지구에서 사는 까닭과 지구에서 볼 수 있는 자연환경을 살펴보자.	소리의 성질과 소음을 줄이는 방법을 알아보자.	물체와 물질의 차이를 알아보고, 물질의 성질이 생활에 이용되는 예를 살펴보자.
3~4학년	❸단계	주제1 동물 이야기	주제2 자석 이야기	주제3 지구의 모습	주제4 지표의 변화	주제5 물질의 상태
		동물의 암수 구별과 배추흰나비와 개의 한살이에 대해 알아보자.	자석의 성질을 알아보고, 일상생활에서 자석을 활용한 예를 살펴보자.	지구의 탄생 과정과 지구의 다양한 모습에 대해 알아보자.	물이나 바람 등에 의해 지표가 변하고 있는 여러 모습을 살펴보자.	물질의 세 가지 상태의 특징을 이해하고, 물질을 세 가지 상태로 분류해 보자.
	❹단계	주제1 지구의 변화	주제2 물체의 무게	주제3 그림자와 거울	주제4 식물 이야기	주제5 물질의 변화
		지층과 화석, 화산과 지진 등 지구의 변화에 대해 알아보자.	저울의 원리를 알아보고, 무게와 질량의 차이점을 살펴보자.	빛을 이용한 정보 전달, 그림자와 거울에 대해 알아보자.	꽃가루받이, 식물의 한살이, 사는 곳에 따른 식물의 특징 등을 살펴보자.	물의 상태 변화로 일어나는 현상을 알아보고, 이를 활용한 예를 살펴보자.
5~6학년	❺단계	주제1 다양한 기상 현상	주제2 다양한 생물과 환경	주제3 신비한 우주	주제4 산과 염기 이야기	주제5 온도와 열 이야기
		대기 중에서 일어나는 다양한 기상 현상을 살펴보자.	다양한 생물이 우리 생활과 환경에 어떤 영향을 주는지 알아보자.	천체, 우주 탐사와 우주 개발에 대해 알아보자.	산과 염기의 특징을 이해하고, 우리 생활에서 이용되는 예를 알아보자.	온도와 열의 의미를 이해하고, 열의 이동 방법을 알아보자.
	❻단계	주제1 전기 이야기	주제2 재미있는 기체 이야기	주제3 지구의 운동과 달의 운동	주제4 식물의 구조와 기능	주제5 우리 몸의 구조와 기능
		우리 생활을 편리하게 해 주는 전기에 대해 알아보자.	기체의 성질과 예를 살펴보고, 온도와 압력에 따른 기체의 부피 변화를 알아보자.	지구의 운동과 달의 운동에 의해 나타나는 자연 현상에 대해 배워 보자.	식물은 어떤 구조로 이루어져 있으며, 각 기관이 하는 일을 살펴보자.	우리 몸속 기관이 하는 일과 자극이 전달되고 반응하는 과정 등을 알아보자.

비문학 독해 사회편 ❶~❻

알고 싶은 주제, 재미있는 주제가 있다면
스스로 찾아 먼저 공부해도 좋아요!

❶ 단계

주제1 작은 사회, 학교	주제2 계절에 따라 다른 생활 모습	주제3 소중한 우리 가족	주제4 명절과 세시 풍속	주제5 자랑스러운 우리나라	
학교에서의 바르고 안전한 생활에 대해 알아보자.	사계절의 날씨와 특징, 생활 모습을 살펴보자.	옛날과 오늘날의 가족 형태, 호칭을 배워 보자.	설날과 추석, 열두 달의 세시 풍속을 알아보자.	세계에 자랑할 만한 우리의 문화를 살펴보자.	

❷ 단계

주제1 계절마다 다른 날씨	주제2 사회 속의 나	주제3 소중한 가족	주제4 우리 동네, 우리 고장	주제5 세계의 여러 나라	
날씨와 기후를 구분하고, 계절별 날씨를 살펴보자.	사회화, 직업 선택, 저축과 소비에 대해 배워 보자.	가족의 형태, 가족 구성원의 역할 변화를 알아보자.	공공시설, 사람들의 직업 등 고장의 모습을 살펴보자.	세계 여러 나라의 의식주 생활 모습을 살펴보자.	

❸ 단계

주제1 우리가 사는 고장	주제2 우리나라의 전통	주제3 교통과 통신의 발달	주제4 다양한 의식주 생활 모습	주제5 도구의 변화, 달라진 생활 모습	주제6 오늘날의 가족 모습
고장의 환경과 사람들의 생활 모습을 살펴보자.	오늘날까지 이어져 온 우리의 전통을 알아보자.	교통·통신의 발달로 나타난 생활의 변화를 알아보자.	자연환경에 따라 다른 다양한 생활 모습을 살펴보자.	여러 도구의 발달로 나타난 생활의 변화를 알아보자.	결혼식 모습과 다양한 가족 형태를 살펴보자.

❹ 단계

주제1 지도 속 세상	주제2 사람들이 살아가는 곳	주제3 소중한 문화유산	주제4 공공 기관과 주민 참여	주제5 경제 활동	주제6 사회 변화로 나타난 생활 속 변화
지도의 기본 요소, 지도의 이용에 대해 알아보자.	삶의 터전으로서 도시와 촌락의 모습을 비교해 보자.	우리나라의 소중한 문화유산을 살펴보자.	공공 기관과 다수결의 원칙에 대해 배워 보자.	생산과 소비, 수요와 공급, 경제적 교류 등 경제 활동에 대해 알아보자.	세계화, 정보화, 고령화 등으로 나타난 변화 모습을 살펴보자.

❺ 단계

주제1 우리 국토의 위치와 영역	주제2 우리나라의 자연환경	주제3 우리나라의 인문 환경	주제4 인권을 존중하는 사회	주제5 일상생활과 법	
우리나라의 위치와 영토, 영해, 영공으로 이루어진 영역을 살펴보자.	우리나라 지형과 기후의 특징, 자연재해의 종류를 알아보자.	우리나라의 도시와 인구 성장, 산업과 교통 발달에 대해 배워 보자.	인권의 중요성과 인권을 지키기 위한 다양한 노력을 살펴보자.	헌법을 비롯하여 생활 속에서 접할 수 있는 다양한 법을 배워 보자.	

❻ 단계

주제1 민주 정치의 발전	주제2 시장과 경제	주제3 세계의 자연환경	주제4 세계 여러 지역의 삶의 모습	주제5 살기 좋은 지구촌	
우리나라의 민주 정치의 발전 과정과 선거에 대해 배워 보자.	우리나라의 경제 성장 과정과 경제 교류의 모습을 살펴보자.	세계 여러 나라의 국토 모습, 지형과 기후의 특징을 알아보자.	우리와 가까운 나라들, 세계의 종교와 문화에 대해 배워 보자.	국제 분쟁과 환경 문제, 살기 좋은 지구를 만들기 위한 노력을 살펴보자.	

주제

1
우리가 사는 고장

이번 주에 공부할 내용에 대한
주간 학습 계획을 세워 보세요.

매체 독해 다음 신문 기사를 읽고, 물음에 답해 봅시다.

역사 속 오늘   20○○년 5월 4일

일산 호수 공원 개장

1996년 5월 4일, 경기도 고양시에 국내 최대의 인공 호수를 갖춘 일산 호수 공원이 문을 열었다.

일산 호수 공원의 전체 면적은 103만 4천 m²이며, 이 안에 조성된 인공 호수는 잠실 석촌 호수의 4배 크기인 300천 m²으로 국내 최대 규모이다.

이 공원은 인공 호수 외에 야외 전시장, 자연 학습원, 야외무대, 대형 잔디 광장 등을 갖추고 있어 일산은 물론 서울 등 주변 도시 사람들의 휴식처 역할을 하고 있다.

또한 매년 축제, 전시회, 박람회 등을 개최하여 국내는 물론 세계적인 명소로 자리 잡았다.

---

1 이 글에서 알 수 있는 일산 호수 공원의 특징이 <u>아닌</u> 것은 어느 것인가요?   (   )

① 여러 동식물의 서식지이다.

② 자연 학습원을 갖추고 있다.

③ 사람들의 휴식처 역할을 한다.

④ 야외 전시장으로 활용되기도 한다.

⑤ 각종 박람회가 개최되는 장소이다.

2 신문 기사를 보고 설명한 내용으로 알맞은 것에는 ○표, 알맞지 <u>않은</u> 것에는 ×표 하세요.

(1) 원하는 곳에 인위적으로 호수를 조성하였다.   (   )

(2) 호수와 여러 시설을 갖춘 일산 호수 공원은 명소가 되었다.   (   )

(3) 인공 호수를 갖춘 공원은 고양시의 일산 호수 공원이 유일하다.   (   )

우리는 다양한 환경에 둘러싸여 살아가고 있습니다. 환경은 사람들이 살아가는 데 영향을 주는 우리 주변의 모든 것을 말합니다. 산, 하천, 바다와 같은 자연환경뿐만 아니라 주택, 공장, 도로와 같은 인문 환경도 포함합니다.

자연환경은 자연 그대로의 환경으로, 산, 들, 하천, 바다 등 땅의 생김새나 날씨와 계절에 영향을 주는 ❶기온, ❷강수량, 바람 등을 말합니다. 우리가 살고 있는 땅의 생김새는 무척 다양합니다. 어느 곳은 넓고 평평하지만, 어느 곳은 뾰족한 산봉우리가 있고, 구불구불 물이 흐르기도 합니다. 이렇게 다양한 땅의 생김새를 '지형'이라고 합니다. 기온, 강수량, 바람 등은 그날그날의 날씨에 영향을 주며, 이러한 날씨가 어떤 장소에서 여러 해에 걸쳐 나타나는 것을 모아 ❸평균을 낸 것을 '기후'라고 합니다. 지형과 기후는 항상 똑같은 것이 아니라 다양한 원인에 의해 끊임없이 변화하고 있습니다. 지형과 기후로 대표되는 자연환경은 고장마다 다르게 나타나며, 사람들은 자연환경의 영향을 받아 다양한 모습으로 살아가고 있습니다.

인문 환경은 자연을 이용하여 사람들이 만들어 낸 환경으로, 학교, 주택, 공장 같은 건물이나 도로, 철도 등을 말합니다. 같은 호수라고 해도 사람의 손이 닿지 않은 자연 그대로의 호수는 자연환경이지만, 사람들이 만들어 낸 인공 호수라면 이것은 인문 환경이 됩니다. 인문 환경은 ❹인위적으로 만들어 낸 환경으로, 우리의 눈에 보이지 않지만 인간 활동의 결과로 만들어진 ❺문화도 인문 환경에 속합니다. 오늘날에는 도시가 발달하고 산업이 성장하면서 사람들은 더 많은 인문 환경을 만들어 내고 있습니다. 넓은 들판에 논이나 밭을 만들고, 산을 깎아 도로를 만들기도 하며, ❻간척 사업을 하여 바다를 땅으로 만들기도 합니다.

---

❶ **기온**: 대기(공기)의 온도.
❷ **강수량**: 비, 눈, 우박 등의 형태로 정해진 기간 동안 정해진 장소에 떨어진 전체 물의 양. 단위는 mm.
❸ **평균**: 여러 개의 합을 그 여러 개로 나누어 고르게 한 값.
❹ **인위적**: 자연의 힘이 아닌 사람의 힘으로 이루어지는 것.
❺ **문화**: 어떤 사회의 구성원들로부터 배우고 전달받은 생활과 행동 방식 및 그 속에서 만들어 낸 모든 것.
❻ **간척**: 육지에 접한 바다나 호수의 일부를 둑으로 막고, 그 안의 물을 빼내어 육지로 만드는 일.

 배경+지식 넓히기

환경을 이용하는 모습
들이 많은 고장, 산이 많은 고장, 바다와 가까운 고장 등 고장마다 자연환경의 모습은 다양합니다. 또 고장마다 사람들이 만들어 낸 인문 환경도 다양하여 공장이 많은 고장, 논이나 밭이 많은 고장 등 여러 모습이 나타납니다.

1 다음 중 다른 낱말을 포함하는 낱말로 알맞은 것은 어느 것인가요? (　　　　　)

① 산　　　　　② 바다　　　　　③ 날씨　　　　　④ 문화　　　　　⑤ 환경

2 이 글의 짜임을 바르게 설명한 것은 어느 것인가요? (　　　　　)

① 시간의 순서에 따라 설명하였다.

② 공간의 변화에 따라 설명하였다.

③ 대상을 종류별로 나누어 설명하였다.

④ 어떤 주제에 대한 주장과 근거를 제시하였다.

⑤ 몇 가지 주제에 대하여 질문을 하고 이에 대한 답을 제시하였다.

3 다음 자연환경 중 지형에 해당하는 것에는 ○표, 기후에 해당하는 것에는 △표 하세요.

눈	산	바다	비
(　　　)	(　　　　)	(　　　　)	(　　　　)

4 이 글에서 알 수 있는 내용으로 알맞은 것은 어느 것인가요? (　　　　　)

① 지형과 기후는 변하지 않는다.

② 환경은 사람들이 살아가는 데 영향을 준다.

③ 기후는 그날그날 나타나는 날씨를 가리키는 말이다.

④ 도시가 발달하고 산업이 성장하면 자연환경이 많아진다.

⑤ 환경은 자연환경과 인문 환경 중 우리 눈에 보이는 것을 가리킨다.

5 다음 친구들이 말한 밑줄 친 '들'은 자연환경과 인문 환경 중 어디에 속하는지 쓰세요.

(1) 준수: 지난 주말 시골 할머니 댁에 갔을 때 들에 곡식이 무르익은 것을 보았어.

(　　　　　　　　　　　)

(2) 선하: '동물의 왕국'이라는 프로그램을 보았는데 넓은 들에 야생동물이 자유롭게 뛰어다니더라.

(　　　　　　　　　　　)

1 다음의 뜻을 가진 낱말을 보기 에서 찾아 쓰세요.

> | 보기 | 간척 | 기온 | 문화 | 강수량 |

(1) 대기(공기)의 온도. ( )

(2) 비, 눈, 우박 등의 형태로 정해진 기간 동안 정해진 장소에 떨어지는 전체 물의 양.
( )

(3) 육지에 접한 바다나 호수의 일부를 둑으로 막고, 그 안의 물을 빼내어 육지로 만드는
일. ( )

(4) 어떤 사회의 구성원들로부터 배우고 전달받은 생활과 행동 방식 및 그 속에서 만들어
낸 모든 것. ( )

2 다음 빈칸에 들어갈 말의 뜻을 보고, 알맞은 낱말을 보기 에서 찾아 쓰세요.

> | 보기 | 인위적 | 자연적 | 평균적 |

(1) 그 호수는 _____ 으로 형성된 것이다.
    └ 사람의 손길이 가지 않은 자연 그대로의 모습을 지닌 것.

(2) 나이가 드는 것은 _____ 으로 막을 수 없는 일이다.
    └ 자연의 힘이 아닌 사람의 힘으로 이루어지는 것.

(3) 우리 반 아이들의 몸무게는 _____ 으로 30 kg이 넘는다.
    └ 수량이나 정도 등이 중간이 되는 것.

3 다음 문장에서 '대기'가 어떤 뜻으로 사용되었는지 번호를 쓰세요.

> 대기 ─┬─ ① '공기'를 달리 이르는 말.
>   │
>   └─ ② 때나 기회를 기다림.

(1) 산 정상에 올라 신선한 대기를 들이마셨다. ( )

(2) 군인들이 전투 준비를 마치고 대기하고 있다. ( )

(3) 놀이기구를 타려고 대기하는 사람들이 줄을 서 있었다. ( )

(4) 나무는 대기 중에 있는 오염 물질을 흡수해 공기를 깨끗하게 한다. ( )

2장 우리 고장의 이름은 어떻게 지어졌을까요

 다음 안내도를 보고, 물음에 답해 봅시다.

피맛골(避馬골)

조선 시대에 종로는 궁궐과 관가(나랏일을 보던 집)가 가까워 양반이 자주 오고가는 큰길이었다. 백성들은 큰길에서 양반을 만나면 양반이 지나갈 때까지 엎드려 있어야 했는데, 이런 일이 자주 일어나자 백성들은 이를 피해 좁은 길로 돌아가기 시작했다. 이 길을 양반들이 탄 말을 피하는 골목이라 하여 '피마골'이라고 불렀는데 나중에는 '피맛골'로 이름이 바뀌었다.

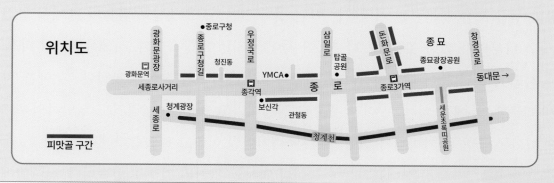

---

1 '피맛골'이라는 이름이 생겨난 까닭은 어느 것인가요? ( )

① 고장의 생김새가 말(馬)처럼 생겨서

② 예전에 말을 키우던 목장이 있던 장소라서

③ 옛날에 실제로 말(馬)이 많이 있던 지역이라서

④ 말(馬)과 관련된 물건을 팔던 시장이 있던 곳이어서

⑤ 예전에 백성들이 양반들이 탄 말을 피해 다녔던 길이어서

2 피맛골의 특징으로 알맞은 것을 보기 에서 모두 골라 기호를 쓰세요.

> **보기**
> ㉠ 옛날 양반들이 다니던 길이다.
> ㉡ 말이 다닐 수 있는 큰길이었다.
> ㉢ 종로에 있는 좁은 골목을 가리킨다.
> ㉣ 처음에는 피마골로 불리다가 피맛골로 이름이 바뀌었다.

( )

지명이란 마을이나 **①**고장, 산과 강 등의 이름을 말합니다. 지명은 고장의 자연환경이나 옛날 고장 사람들의 생활 모습과 관련된 것이 많습니다. 마을이나 장소의 이름을 지을 때 고장의 자연환경이나 고장에서 있었던 일로 이름을 짓기 때문입니다. 그래서 지명에는 고장의 **②**유래와 특징이 담겨 있습니다.

우리 조상들은 자연과 더불어 살아왔기 때문에 우리나라 곳곳에는 자연환경과 관련된 지명이 많이 남아 있습니다. 특히 산과 관련된 지명이 많은데, 설악산과 치악산처럼 **③**산세가 험한 산에는 '악'이라는 글자를 붙였으며, 산봉우리에는 '봉', 산의 골짜기에는 '골'이나 '곡'을 붙여 이름을 지었습니다. 장안평처럼 평야가 있는 곳에는 '평'이나 '들'을, 탄천처럼 하천이 있는 곳에는 '탄'이나 '여울'을 붙여서 이름을 지었습니다.

고장의 생활 모습과 관련된 지명에는 어떤 것이 있을까요? 옛날 사람들이 배에서 물건을 싣고 내리던 나루터가 있던 곳은 '포'나 '진'이 들어간 지명이 많습니다. 서울특별시의 마포, 강원도 강릉시의 주문진 등이 대표적입니다. 서울특별시 송파구의 잠실은 옛날에 **④**누에를 치던 곳이었기 때문에 '누에를 치는 곳'이란 뜻으로 잠실이라고 하였으며, 경기도 성남시의 복정동은 옛날에 기와를 굽던 큰 가마터가 있었기 때문에 '기와말'이라고 하였습니다.

▲ 서울특별시
동작구의 장승배기

고장을 대표하는 인물이나 역사와 관련된 지명도 있습니다. 남해안에 있는 전라남도 여수시와 목포시, 경상남도 창원시, 부산광역시 등에는 '충무'라는 이름이 들어간 지명이 많습니다. '충무'는 조선 시대 때 바다를 지킨 이순신 장군의 **⑤**시호로, 이순신 장군을 기리기 위해서 붙여진 이름입니다. 서울특별시 동작구의 장승배기는 조선 시대의 왕이었던 정조가 아버지의 묘를 찾아가는 길에 **⑥**장승 한 쌍을 이곳에 만들어 세우게 하면서 '장승배기'라고 불리게 되었습니다. 경기도 의정부시는 조선 시대에 나라의 **⑦**정책을 정하는 의정부 회의를 하던 곳이라고 하여 '의정부'라는 이름이 붙게 되었습니다.

---

① **고장**: 사람이 많이 사는 지방이나 지역.
② **유래**: 전부터 전해 내려오는 것, 또는 그 전해져 온 역사.
③ **산세**: 산이 생긴 모양.
④ **누에**: 뽕잎을 먹고 살며 실의 원료가 되는 고치를 짓고 그 속에서 살다가 나방이 되는 벌레.
⑤ **시호**: 예전에 높은 관리가 죽은 후에 그의 공덕을 기리기 위해 임금이 그렇게 부르도록 한 이름.
⑥ **장승**: 돌이나 나무에 사람의 얼굴을 새겨서 마을 또는 절의 입구나 길가에 세운 푯말.
⑦ **정책**: 사회적인 문제를 해결하거나 정치적 목적을 실현하기 위한 방법.

1 이 글의 내용을 요약할 때 빈칸에 공통으로 들어갈 알맞은 말을 쓰세요.

> (   )은/는 고장의 자연환경이나 옛날 사람들의 생활 모습, 고장을 대표하는 인물이나 역사 등과 관련이 깊다. 그래서 (   )을/를 보면 고장의 유래와 특징을 알 수 있다.

(   )

2 이 글의 제목으로 알맞은 것은 어느 것인가요? (   )

① 고장의 지명을 조사하는 방법
② 고장에 전해 내려오는 옛이야기
③ 옛날 지명과 오늘날 지명의 차이
④ 옛날에 지은 지명을 바꾸게 된 까닭
⑤ 고장의 유래와 특징이 담겨 있는 지명

3 이 글에 나온 내용이 <u>아닌</u> 것은 어느 것인가요? (   )

① 자연환경과 관련된 지명
② 생활 모습과 관련된 지명
③ 고장의 역사와 관련된 지명
④ 나라의 정책을 추진하면서 만든 지명
⑤ 고장을 대표하는 인물과 관련된 지명

4 다음 중 고장의 자연환경과 관련된 지명을 찾아 ○표 하세요.

마포	잠실	장안평	충무동	장승배기
( )	( )	( )	( )	( )

5 이 글에서 알 수 있는 사실로 알맞은 것은 어느 것인가요? (정답 2개) (   )

① 지명은 나라에서 정한다.

② 한번 정한 지명은 바꿀 수 없다.

③ 옛날 잠실에는 누에를 치는 곳이 있었다.

④ 우리나라는 바다와 관련된 지명이 가장 많다.

⑤ 전국 곳곳에 자연환경과 관련된 지명이 많이 남아 있다.

6 다음 중 지명이 지어진 방법이 다른 하나는 어느 것인가요? (   )

① 서빙고: 얼음을 저장하던 창고가 있던 곳이라는 뜻이다.

② 기와말: 기와를 굽던 큰 가마터가 있는 마을이라는 뜻이다.

③ 종로: 시각을 알려 주는 종이 있던 곳의 앞길이라는 뜻이다.

④ 말죽거리: 말에게 죽을 끓여 먹인 곳이라고 해서 붙은 이름이다.

⑤ 두물머리: 북한강과 남한강의 두 물줄기가 만나는 곳이라고 해서 붙은 이름이다.

7 다음 밑줄 친 부분에 들어갈 내용으로 알맞은 것은 어느 것인가요? (   )

> 한탄강은 원래 '크다'는 뜻의 '한'과 '여울'을 뜻하는 '탄'을 합쳐서 붙인 이름으로, '큰 여울'이라는 뜻을 갖고 있었다. 그런데 6·25 전쟁 때 남한으로 내려오던 사람들이 이 강을 넘지 못하고 체포되면서 '한탄만 하다 말았다'라는 뜻이 더해졌다. 이처럼 지명을 보면 _____을/를 짐작할 수 있다.

① 고장의 날씨 　　　② 고장의 역사 　　　③ 고장의 문화재

④ 고장의 상징물 　　　⑤ 고장을 대표하는 인물

재미있는 지명 유래

우리나라에는 다양하고 재미있는 지명이 많습니다. 각각의 지명에는 고장의 이야기가 담겨 있으며, 고장의 환경과 문화가 깃들어 있습니다. 서로 다른 고장에서 비슷한 지명이 쓰이기도 하고, 그 뜻을 알고 나면 더 재미있는 지명들도 있습니다. 지명 유래를 살펴보면 각 지역을 더욱 쉽고 재미있게 이해할 수 있습니다.

1 다음의 뜻을 가진 낱말을 보기 에서 찾아 쓰세요.

> 보기   시호   유래   장승   정책

(1) 전부터 전해져 내려오는 것, 또는 그 전해져 온 역사.   (   )

(2) 사회적인 문제를 해결하거나 정치적 목적을 실현하기 위한 방법. (   )

(3) 돌이나 나무에 사람의 얼굴을 새겨서 마을 또는 절의 입구나 길가에 세운 푯말.
　　　　　　　　　　　　　　　　　　　　　　　　　　　　　　(   )

(4) 예전에 높은 관리가 죽은 후에 그의 공덕을 기리기 위해 임금이 그렇게 부르도록 한
　　이름.　　　　　　　　　　　　　　　　　　　　　　　　　　(   )

2 다음 밑줄 친 '고장'이 보기 에서와 같은 뜻으로 쓰인 것에는 ○표, 다른 뜻으로 쓰인 것에는 ×표 하세요.

> 보기   아파트 승강기 고장으로 10층까지 걸어 올라가야 했다.

(1) 휴대 전화가 고장이 나서 전화를 할 수 없었다.   (   )

(2) 아버지가 태어나신 고장은 산 좋고 물 좋기로 유명하다.   (   )

(3) 우리 고장은 바다와 가까워 아이들은 모두 수영을 할 줄 알았다.   (   )

3 다음 낱말들에 공통으로 들어간 말을 찾아 쓰고, 그 말의 뜻으로 알맞은 것을 선으로 이어 보세요.

(1) 부곡, 죽곡 → [   ] •   • ㉠ 골짜기

(2) 비로봉, 천왕봉 → [   ] •   • ㉡ 나루터

(3) 마포, 제물포 → [   ] •   • ㉢ 산봉우리

(4) 설악, 치악 → [   ] •   • ㉣ 크고 험한 산

3장 고장의 지형을 이용하는 모습

매체 독해 다음 지아의 사진첩을 보고, 물음에 답해 봅시다.

오랜만에 아빠와 등산을 간 날,
정상에서 인증샷 남기기

소금이 어떻게 만들어지는지 알게 된
즐거운 염전 체험!

한강 공원에 가서 자전거를 처음으로
배운 날

시골에서 농사짓는 조부모님 댁에서
고구마 캐기

1 바다가 있는 곳에 가서 한 일을 찾아 ○표 하세요.

| 등산하기 | 염전 체험하기 | 자전거 타기 | 고구마 캐기 |

2 사진첩을 보고 알 수 있는 자연환경의 이용 모습을 **보기** 에서 모두 골라 기호를 쓰세요.

> **보기** ㉠ 바다에서 싱싱한 물고기를 잡는다.
> ㉡ 넓은 들판이 펼쳐진 곳에 휴식 공간을 만든다.
> ㉢ 산에 오르기 쉽도록 등산로를 만들어 이용한다.
> ㉣ 하천 주변에 공원을 만들어 그곳에서 운동을 한다.

(   )

다음 글을 읽고, 물음에 답해 봅시다.

고장마다 사람들이 살아가는 모습은 다양합니다. 어떤 곳에서는 농사를 짓고, 어떤 곳에서는 물고기를 잡는 일을 하며 살아갑니다. ㉠ <u>왜 이렇게 사는 모습이 다를까요?</u> 고장마다 기후, 지형과 같은 자연환경이 다르고, 사람들이 그러한 자연환경에 적응하거나 자연환경을 개발하여 이용하는 과정에서 생활 모습이 달라지기 때문입니다.

강원도와 같이 산이 많은 고장의 사람들은 농사지을 땅이 부족하여 산비탈의 땅을 논과 밭으로 만들어 농사를 짓거나 산에서 약초와 나물을 캐며 살아갑니다. 울창한 숲에서 나무를 가꾸어 목재를 얻기도 하고, 목장을 만들어 소나 양을 키우거나 ❶양봉을 하기도 합니다. 또 산에 묻혀 있는 ❷지하자원을 캐거나, 사람들이 여가 생활을 즐길 수 있도록 스키장과 ❸휴양 시설을 만들어 운영하기도 합니다.

들이 펼쳐진 고장에서는 주로 넓고 평평한 땅을 논과 밭으로 만들어 여러 가지 곡식과 채소를 재배합니다. 우리가 매일 먹는 밥의 재료인 쌀은 벼농사를 지어 얻은 것입니다. 벼농사나 밭농사 외에도 소나 돼지 등의 가축을 기르거나, ❹비닐하우스를 만들어 계절에 상관없이 채소와 과일, 꽃 등을 재배하는 일도 합니다. 하천 가까이 있는 들은 물을 얻기가 쉬워서 농사를 짓기에 좋아 오래전부터 사람들이 모여 살았습니다. 특히 농사가 잘되는 ❺비옥한 평야에는 사람들이 모여 살면서 마을을 이루고 물건을 사고팔기 위한 시장도 생기면서 도시가 발달하였습니다.

바다가 있는 고장의 사람들은 주로 바다에 나가 물고기를 잡거나, 물이 깨끗하고 파도가 잔잔한 곳에 ❻양식장을 만들어 굴이나 전복 등을 기르며 살아갑니다. 바닷물이 맑고 고운 모래가 펼쳐진 모래사장이 많은 곳은 해수욕장이 발달하고, 그 주변에서 식당이나 숙박 시설을 운영하기도 합니다. 넓은 갯벌이 발달한 곳에서는 조개와 같은 해산물을 캐거나 염전을 만들어 소금을 얻기도 하고, 갯벌을 간척하여 농사지을 땅과 공장 ❼터를 만들기도 합니다. 또 배를 이용해 이동하기 편리한 곳에는 항구가 발달하기도 합니다.

----

❶ **양봉**: 꿀을 얻기 위하여 벌을 기름.
❷ **지하자원**: 땅속에 묻혀 있는 자원. 철, 석탄, 석유와 같이 인간 생활에 도움을 주는 것들을 말함.
❸ **휴양 시설**: 편안히 쉬면서 몸과 마음을 잘 돌볼 수 있도록 만든 시설.
❹ **비닐하우스**: 적당한 온도를 유지하여 채소, 꽃, 열대 식물 등을 가꾸기 위해 비닐을 덮어서 만든 온실.
❺ **비옥하다**: 땅의 흙이나 거름 따위가 기름지고 영양분이 많다.
❻ **양식장**: 물고기나 미역, 김, 조개 등을 인공적으로 기르는 일을 전문적으로 하는 곳.
❼ **터**: 집이나 건물을 지었거나 지을 자리.

1 이 글의 중심 내용으로 알맞은 것은 어느 것인가요? ( )

① 고장마다 다른 땅의 생김새
② 지형에 따라 다른 생활 모습
③ 사람들이 하는 여러 가지 일의 종류
④ 사람들이 모여 살기 좋은 곳의 조건
⑤ 우리나라에서 볼 수 있는 다양한 지형

2 다음 빈칸에 알맞은 낱말을 넣어 표로 정리하세요.

여러 고장의 생활 모습

( )이/가 많은 고장	들이 펼쳐진 고장	( )이/가 있는 고장
• 농사짓기 • 약초와 나물 캐기 • 숲에서 목재 얻기 • 목장에서 소, 양 키우기 • ( ) 캐기	• ( )농사와 밭농사 • 소, 돼지 등 가축 기르기 • 비닐하우스에서 채소, 과일 등 재배하기 • 시장과 도시 발달	• 고기잡이 • 해수욕장 발달 • 양식장에서 굴, 전복 기르기 • ( )에서 소금 얻기

3 ㉠에 대한 답으로 가장 알맞은 것은 어느 것인가요? ( )

① 고장마다 자연환경이 다르기 때문이다.
② 고장마다 사람들의 성격이 다르기 때문이다.
③ 고장마다 주로 있는 시설이 다르기 때문이다.
④ 고장마다 살고 있는 사람 수가 다르기 때문이다.
⑤ 고장마다 중요하게 생각하는 것이 다르기 때문이다.

4 다음 중 자연환경이 다른 고장에 살고 있는 사람의 이름을 쓰세요.

> • 민아: 우리 부모님은 약초와 나물을 캐는 일을 하셔.
> • 혜민: 오늘은 아버지를 도와 비닐하우스에서 꽃을 돌봤어.
> • 동욱: 요즘은 기계를 이용해 벼농사를 지어서 농사짓기가 편해졌어.

( )

5 사진과 같은 고장에서 주로 볼 수 있는 생활 모습은 어느 것인가요? (   )

① 논농사를 활발히 짓는다.
② 양봉을 하여 꿀을 얻는다.
③ 목장에서 소나 양을 키운다.
④ 채소, 과일, 꽃 등을 재배한다.
⑤ 바다에 나가 고기잡이를 한다.

6 이 글의 내용과 맞는 것에는 ○표, 맞지 <u>않는</u> 것에는 ×표 하세요.

(1) 쌀이 주로 재배되는 곳은 산이 많은 고장이다. (   )
(2) 바다가 있는 고장에는 항구가 발달하기도 한다. (   )
(3) 들이 넓은 고장의 사람들은 주로 소나 양을 기른다. (   )
(4) 사람들은 산을 이용하여 스키장과 휴양 시설을 만든다. (   )

7 다음 밑줄 친 부분에 들어갈 알맞은 말은 어느 것인가요? (   )

○○산 입구에서 숲길을 따라 올라가다 보면 산림욕장이 나온다. 산림욕장에는 30~40년 된 소나무가 무리를 짓고 있어서 피톤치드를 맡으며 산책할 수 있다. 소나무 숲을 지나면 야생화 단지가 있고 곳곳에 평상과 의자가 있어서 많은 사람들이 이곳에서 휴식을 취한다. 이러한 산림욕장은 사람들이 _____을/를 활용한 대표적인 사례이다.

① 드넓게 펼쳐진 들   ② 숲이 울창한 산지
③ 바닷가의 모래사장   ④ 구불구불 흐르는 하천
⑤ 땅과 바다가 만나는 좁은 길

배경 +지식 넓히기

서로 다른 모습의 바닷가

우리나라는 북쪽을 빼고 나머지 삼면이 바다와 접해 있습니다. 동해, 황해, 남해로 둘러싸여 있으며, 각각의 바닷가는 서로 다른 특징이 나타납니다. 동해안은 섬이 많지 않고 해안선이 단순하지만, 서해안과 남해안은 섬이 많고 해안선도 복잡합니다. 이에 따라 주로 발달한 지형도 다르고, 사람들이 살아가는 모습도 차이가 납니다.

1 다음 낱말의 뜻으로 알맞은 것을 선으로 이어 보세요.

(1) 터 •   • ㉠ 땅속에 묻혀 있는 자원.

(2) 양봉 •   • ㉡ 꿀을 얻기 위하여 벌을 기름.

(3) 지하자원 •   • ㉢ 집이나 건물을 지었거나 지을 자리.

2 다음 낱말의 뜻을 보고, 문장에 들어갈 알맞은 낱말을 골라 ○표 하세요.

(1)
| 모래 | 자연히 잘게 부스러진 돌 부스러기. |
| 모레 | 내일의 다음 날. |

(모래 / 모레)는 기다리고 기다리던 내 생일이다.
동해안에는 고운 (모래 / 모레)가 넓게 펼쳐진 해수욕장이 많다.

(2)
| 자료 | 연구나 조사 따위의 바탕이 되는 것. |
| 재료 | 물건을 만드는 데 들어가는 것. |

발표 (자료 / 재료)를 정리하여 컴퓨터에 저장하였다.
싱싱한 (자료 / 재료)를 사용해서 만들어야 음식이 맛있다.

3 그림을 보고 빈칸에 들어갈 알맞은 낱말을 보기 에서 찾아 쓰세요.

보기   비옥하다   울창하다   잔잔하다

(1)   (2)   (3)

땅이   바다가   숲이

내가 사는 곳은 촌락일까요, 도시일까요

매체 독해 다음 미래의 누리 소통망(SNS)을 보고, 물음에 답해 봅시다.

miraekim

좋아요 12개
miraekim 다음 주, 풍어제 시작!

sunhaoh 미래야, 풍어제가 뭐야?

↳ miraekim 선하야, 오랜만이야! 풍어제는 우리 고장 어민들의 안전을 바라고 물고기를 많이 잡게 해 달라고 빌기 위해 지내는 제사야.

doheekim 바닷가 마을의 생활 모습은 역시 다르네. 나도 가 보고 싶다.

↳ miraekim 요즘은 도시 사람들이 와서 구경을 하기도 해. 도희도 가족들과 함께 와서 보면 좋을 것 같아. 오랜만에 내 얼굴도 보고! :)

1 풍어제에 대한 설명으로 알맞은 것을 보기 에서 모두 골라 기호를 쓰세요.

> 보기
> ㉠ 어민들의 안전을 바라며 지내는 제사이다.
> ㉡ 물고기를 많이 잡게 해 달라고 비는 제사이다.
> ㉢ 도시의 관광객들이 많이 오기를 비는 제사이다.
> ㉣ 커다란 항구 도시로 발전하기를 바라며 지내는 제사이다.

( )

2 미래가 사는 고장 사람들의 생활 모습으로 알맞은 것은 어느 것인가요? ( )

① 스키장과 휴양림을 만든다.　　② 나무를 가꾸어 목재를 얻는다.
③ 넓은 들에서 벼농사를 짓는다.　　④ 양식장을 만들어 해산물을 기른다.
⑤ 공장에서 생활에 필요한 물건을 만든다.

 **글 독해** 다음 글을 읽고, 물음에 답해 봅시다.

　사람들이 모여 사는 곳은 크게 촌락과 도시로 구분할 수 있습니다. 촌락은 비교적 적은 수의 사람들이 사는 곳이고, 도시는 비교적 많은 수의 사람들이 사는 곳입니다. 촌락과 도시는 환경도 다르고, 그곳에서 사람들이 살아가는 모습도 다릅니다.

　촌락은 주로 자연에서 필요한 것을 직접 얻는 일을 하는 사람들이 모여 살아가는 곳입니다. 촌락에서는 주택, 건물, 도로 등의 인문 환경보다는 들판, 숲, 나무와 꽃 등의 자연환경을 더 쉽게 볼 수 있으며, 사람들은 이러한 자연환경의 영향을 많이 받으며 살아갑니다. 촌락은 주민들이 주로 하는 일에 따라 농촌, 어촌, 산지촌으로 구분할 수 있습니다. 농촌은 논과 밭을 이용해 곡식이나 채소를 기르는 일 등 ❶농업을 하는 사람이 많은 곳입니다. 어촌은 바다에 나가 물고기를 잡거나 기르고, 김과 미역을 따는 등 ❷어업을 하는 사람이 많은 곳입니다. 산지촌은 높은 산과 울창한 숲이 있는 곳에서 목재를 얻거나 산나물을 캐는 등 ❸임업을 하는 사람이 많은 곳입니다.

　도시는 주로 자연에서 얻은 재료를 이용하여 제품을 만들거나, 만든 물건을 판매하는 일을 하는 사람들이 많은 곳입니다. 또 사람들의 생활을 편리하게 하여 만족을 주는 일을 하는 사람들도 있습니다. 도시는 대부분의 땅이 건물과 도로로 가득 메워져 있어, 자연 상태 그대로의 나무나 숲을 보는 것이 쉽지 않습니다. 도시에 많은 건물들이 들어차 있는 까닭은 무엇일까요? 도시에는 다양한 일자리가 많아서 많은 사람이 모여들기 때문입니다. 좁은 땅에 많은 사람이 ❹밀집해 있기 때문에 건물을 더욱더 빽빽하게, 점점 더 높게 지은 것입니다. 교통이 발달한 도시에서는 사람과 물건의 이동이 활발하고, 버스나 지하철 같은 ❺대중교통도 발달해 있어 편리하게 생활할 수 있습니다.

　이렇게 촌락과 도시는 사람들이 주로 하는 일도 다르고 환경도 다르지만, 둘 다 사람들이 살아가는 삶의 ❻터전이라는 점은 같습니다.

❶ **농업**: 땅을 이용하여 사람이 살아가는 데 필요한 식물을 가꾸거나 쓸모 있는 동물을 기르는 일.
❷ **어업**: 시장에 내다 팔 목적으로 물고기, 조개, 김, 미역 따위를 잡거나 기르는 일.
❸ **임업**: 산에서 나는 생산물로 이익을 얻기 위하여 숲을 관리하고 이용하는 일.
❹ **밀집**: 빈틈없이 빽빽하게 모임.
❺ **대중교통**: 여러 사람이 이용하는 버스, 지하철 따위의 교통. 또는 그러한 교통수단.
❻ **터전**: 살림의 근거지가 되는 곳.

1 다음 빈칸에 들어갈 알맞은 낱말을 넣어 이 글의 제목을 완성하세요.

(   )과/와 (   )의 특징

2 이 글에 나온 내용이 <u>아닌</u> 것은 어느 것인가요? (   )

① 촌락의 종류와 특징
② 촌락에서 볼 수 있는 모습
③ 도시에서 볼 수 있는 모습
④ 촌락이 도시에 미치는 영향
⑤ 촌락과 도시의 사람들이 하는 일

3 촌락과 도시의 특징을 바르게 비교한 사람의 이름을 모두 쓰세요.

- 하루: 촌락에는 도로가 없지만, 도시에는 넓은 도로가 많아.
- 지아: 촌락에는 건물이 많지 않지만, 도시에는 높은 건물이 많아.
- 솔이: 촌락은 비교적 적은 사람들이 살고, 도시는 많은 사람들이 사는 곳이야.
- 채진: 촌락에서는 자연환경을 쉽게 볼 수 있지만, 도시에서는 자연환경을 전혀 볼 수 없어.

(   )

4 다음을 촌락에서 주로 볼 수 있는 모습에는 '촌', 도시에서 주로 볼 수 있는 모습에는 '도'라고 쓰세요.

(1) (   )   (2) (   )   (3) (   )   (4) (   )

5 이 글의 내용과 맞지 <u>않는</u> 것은 어느 것인가요?　　　　　　　　（　　　　　）

① 촌락과 도시에서 볼 수 있는 주변 환경이 다르다.

② 촌락과 도시 모두 사람들이 살아가는 삶의 터전이다.

③ 촌락의 사람들은 주로 물건을 만들어 판매하는 일을 한다.

④ 도시에는 다양한 일자리가 많아서 많은 사람이 모여 산다.

⑤ 도시는 사람과 물건의 이동이 활발하고 대중교통이 발달해 있다.

6 다음과 같은 일을 주로 하는 사람들이 모여 사는 촌락을 보기 에서 찾아 쓰세요.

| 보기 | 농촌 | 어촌 | 산지촌 |

(1) 숲에서 목재를 얻거나 산나물을 캐는 일

（　　　　　　　）

(2) 바다에서 물고기를 잡거나 기르는 일

（　　　　　　　）

(3) 논과 밭에서 곡식과 채소를 기르는 일

（　　　　　　　）

7 도시의 특징을 설명한 내용으로 알맞은 것은 어느 것인가요?　　　　　　　　（　　　　　）

① 교통이 불편하다.

② 땅이 건물과 도로로 메워져 있다.

③ 농업, 어업, 임업을 하는 사람들이 많다.

④ 자연환경의 영향을 많이 받으며 살아간다.

⑤ 자연에서 필요한 것을 직접 얻는 일을 한다.

배경 +지식 넓히기

농업, 어업, 임업에는 어떤 것들이 있나요

농업은 인류에게 가장 중요하고 가장 오래된 산업입니다. 물을 구하기 쉬운 곳에서 이루어지는 벼농사, 밭을 일구어 채소나 잡곡을 재배하는 밭농사, 과수원에서 과일을 재배하는 것 모두 농업의 한 종류입니다. 어업은 바다에서 물고기를 잡거나 양식장을 만들어 전복, 김 등을 기르는 일을 말합니다. 임업은 산지에서 목재를 얻거나 버섯이나 약초를 캐는 일 등을 말합니다.

1 다음의 뜻을 가진 낱말을 보기 에서 찾아 쓰세요.

| 보기 | 밀집 | 터전 | 대중교통 |

(1) 빈틈없이 빽빽하게 모임. ( )

(2) 살림의 근거지가 되는 곳. ( )

(3) 여러 사람이 이용하는 버스, 지하철 따위의 교통. ( )

2 다음 낱말의 뜻으로 알맞은 것을 선으로 이어 보세요.

(1) 농업 •

(2) 어업 •

(3) 임업 •

• ㉠ 산에서 나는 생산물로 이익을 얻기 위하여 숲을 관리하고 이용하는 일.

• ㉡ 시장에 내다 팔 목적으로 물고기, 조개, 김, 미역 따위를 잡거나 기르는 일.

• ㉢ 땅을 이용하여 사람이 살아가는 데 필요한 식물을 가꾸거나 쓸모 있는 동물을 기르는 일.

3 다음 문장에서 '일손'이 어떤 뜻으로 쓰였는지 번호를 쓰세요.

일손
① 일하는 솜씨.
② 일을 하는 사람.

(1) 벼를 수확해야 하는데 일손이 모자라 걱정이다. ( )

(2) 그는 30년 동안 가방만 만들었기 때문에 일손이 재빠르고 시원스럽다. ( )

5장 남는 시간에 여가를 즐겨요

정답 확인 | 하루한장 앱에서 학습 인증하고 하루템을 모으세요!

매체 독해 다음 학급 게시판을 보고, 물음에 답해 봅시다.

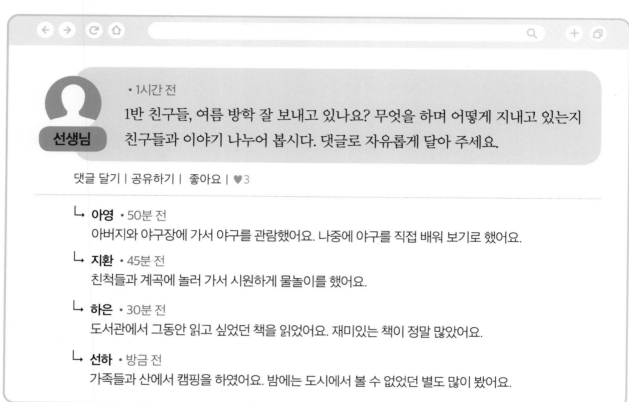

선생님 · 1시간 전
1반 친구들, 여름 방학 잘 보내고 있나요? 무엇을 하며 어떻게 지내고 있는지 친구들과 이야기 나누어 봅시다. 댓글로 자유롭게 달아 주세요.

댓글 달기 | 공유하기 | 좋아요 | ♥3

ㄴ **아영** · 50분 전
아버지와 야구장에 가서 야구를 관람했어요. 나중에 야구를 직접 배워 보기로 했어요.

ㄴ **지환** · 45분 전
친척들과 계곡에 놀러 가서 시원하게 물놀이를 했어요.

ㄴ **하은** · 30분 전
도서관에서 그동안 읽고 싶었던 책을 읽었어요. 재미있는 책이 정말 많았어요.

ㄴ **선하** · 방금 전
가족들과 산에서 캠핑을 하였어요. 밤에는 도시에서 볼 수 없었던 별도 많이 봤어요.

1 1반 친구들이 방학 때 한 활동을 다음과 같이 구분하여 이름을 쓰세요.

자연환경을 이용한 활동	인문 환경을 이용한 활동

2 친구들이 방학 동안 한 일을 바르게 설명한 것을 보기 에서 모두 골라 기호를 쓰세요.

> **보기**
> ㉠ 아영이는 아버지에게 야구를 배웠다.
> ㉡ 지환이는 친척들과 계곡에서 물놀이를 했다.
> ㉢ 하은이는 독후감을 쓰려고 도서관에서 책을 읽었다.
> ㉣ 선하는 가족들과 캠핑을 가서 밤하늘의 별을 보았다.

( )

여가 생활이란 즐거움을 얻으려고 남는 시간에 스스로 하는 자유로운 활동을 말합니다. 즉 일하거나 공부하는 시간을 빼고 남는 시간을 여가 시간이라고 하는데, 그때 하게 되는 ❶취미 활동이나 운동과 같은 여러 가지 활동을 뜻합니다.

요즘 사람들은 예전보다 여가 시간이 많아졌습니다. 기계가 사람이 할 일을 대신하게 되면서 일하지 않아도 되는 시간이 늘어났기 때문입니다. 사람들은 늘어난 여가 시간을 활용하여 다양한 여가 생활을 합니다. 오늘날 사람들이 즐기는 여가 생활의 종류는 매우 다양합니다. 배드민턴, 수영, 축구 같은 스포츠를 즐기거나 악기 연주, 그림 그리기, 글쓰기 등을 하면서 자신의 ❷소질을 ❸계발하기도 합니다. 외국어를 공부하거나 독서를 하면서 지식을 넓히기도 하고, 어려운 이웃을 돕는 봉사 활동을 하기도 합니다. 이렇게 여가 생활로 할 수 있는 일이 많아지면서 여가 시간을 바람직하게 보내는 것이 점점 중요해지고 있습니다.

여가 생활은 옛날에도 있었습니다. 옛날의 어린이들은 여가 시간에 주로 친구들과 모여 놀이를 하였습니다. 실뜨기, ❹자치기, 공기놀이, ❺땅따먹기, 고무줄놀이, 연날리기 등 친구들과 함께 어울리고, 밖에서 몸을 움직이는 활동을 많이 하였습니다. 놀이 도구는 주변에서 찾거나 직접 만들었는데, 그 과정 자체도 또 하나의 놀이가 되었습니다. 여러분은 학교를 마친 후 자유로운 시간에 무엇을 하나요? 오늘날의 어린이들은 여가 시간이 생기면 ❻보드게임이나 컴퓨터 게임 같이 실내에서 하는 놀이를 많이 합니다. 혼자 여가 시간을 보내기도 하고, 놀이터나 공원처럼 정해진 곳에서 친구들과 함께 놀기도 합니다. 또 필요한 놀이 도구는 대부분 사서 쓰는 경우가 많습니다.

시간이 흐르면서 사람들이 즐기는 여가 생활의 모습은 변화하였지만, 나에게 맞는 여가 생활을 하는 것은 여전히 중요합니다. 자신이 좋아하는 일을 하거나 소질을 계발하며 여가 생활을 즐긴다면 몸과 마음이 건강해지고 일상생활에 ❼활력이 넘치게 될 것입니다.

---

❶ **취미**: 전문적으로 하는 것이 아니라 즐기기 위하여 하는 일.
❷ **소질**: 태어날 때부터 지니고 있는, 어떤 일에 알맞은 성격이나 능력.
❸ **계발**: 슬기나 재능, 사상 따위를 깨우쳐 발전시키는 것.
❹ **자치기**: 순서대로 짤막한 나무토막을 긴 막대기로 쳐서 날아간 거리를 재어 승부를 정하는 놀이.
❺ **땅따먹기**: 정한 땅에 각자의 말을 퉁긴 대로 금을 그어서 땅을 빼앗아 가는 놀이.
❻ **보드게임**: 종이 판이나 나무 판으로 된 놀이 도구 주변에 여럿이 둘러앉아 즐기는 놀이를 통틀어 이르는 말.
❼ **활력**: 살아 움직이는 힘.

1 이 글을 쓴 목적으로 알맞은 것은 어느 것인가요?　　　　　（　　　）

① 여가 생활이 중요해진 까닭을 설명하기 위해서

② 옛날과 오늘날 여가 생활의 차이점을 비교하기 위해서

③ 여가 시간을 잘 활용할 수 있는 방법을 알려 주기 위해서

④ 어린이들이 여가 시간에 할 수 있는 활동을 알려 주기 위해서

⑤ 사람들이 즐기는 다양한 여가 생활의 모습을 설명하기 위해서

2 이 글에서 알 수 있는 내용으로 알맞은 것은 어느 것인가요?　　　　（　　　）

① 외국어 공부나 독서는 여가 생활이 아니다.

② 여가 생활은 옛날에는 없었고 오늘날에 생긴 것이다.

③ 오늘날에는 기계가 사람들의 일을 모두 대신하고 있다.

④ 오늘날에는 여가 시간을 바람직하게 보내는 것이 중요해졌다.

⑤ 직업이나 나이에 상관없이 사람들의 여가 생활은 거의 다 비슷하다.

3 다음 그림과 같은 여가 생활을 통해 얻을 수 있는 것은 무엇인가요?　（　　　）

① 몸이 튼튼해진다.　　　　　　　② 편안하게 쉴 수 있다.

③ 어려운 이웃을 도울 수 있다.　　④ 자신의 소질을 계발할 수 있다.

⑤ 친구들과 더 가깝게 지내게 된다.

4 3문단에 사용된 설명 방법으로 알맞은 것은 어느 것인가요?　　　　（　　　）

① 공통점을 중심으로 설명하였다.

② 차이점을 중심으로 설명하였다.

③ 원인과 결과에 따라 설명하였다.

④ 공간의 변화에 따라 설명하였다.

⑤ 어떤 주장에 대한 근거를 제시하였다.

5 옛날 어린이들의 여가 생활 모습에는 '옛', 오늘날 어린이들의 여가 생활 모습에는 '오'라고 쓰세요.

(1) 놀이 도구를 직접 만들기도 한다. ( )

(2) 주로 실내에서 하는 놀이가 많다. ( )

(3) 놀이터나 공원처럼 정해진 곳에서 주로 논다. ( )

(4) 밖에서 친구들과 어울려 몸을 움직이는 활동을 많이 한다. ( )

6 다음 중 여가 생활을 하지 <u>않은</u> 사람은 누구인가요? ( )

① 유나: 가족들과 함께 등산을 했어.

② 진아: 친구들과 박물관을 관람했어.

③ 하루: 부모님과 봉사 활동을 하고 왔어.

④ 가은: 수업 시간에 선생님 말씀을 집중해서 들었어.

⑤ 지아: 언니와 영화관에 가서 좋아하는 영화를 보았어.

7 여가 생활을 즐기는 모습으로 알맞은 것에 ○표 하세요.

선하는 한 달 뒤에 열릴 전국 초등학생 승마 대회에서 우승하기 위하여 매일 열심히 훈련하고 있다. ☐

승우는 주말마다 승마를 하러 간다. 승마는 집중력을 기르고 몸의 자세를 바르게 할 수 있어 도움이 된다. ☐

오늘날의 다양한 여가 생활

오늘날에는 여가 시간이 늘어나고 사회가 변화하면서 사람들이 하고자 하는 것들이 많아졌습니다. 또 교통과 통신 수단이 발달하면서 사람들이 즐길 수 있는 여가 생활의 종류도 매우 다양해졌습니다. 비행기를 타고 다른 나라로 여행을 가기도 하고, 컴퓨터를 이용해 취미 활동을 하기도 합니다.

1 다음 낱말의 뜻으로 알맞은 것을 선으로 이어 보세요.

(1) 계발 •

(2) 취미 •

(3) 활력 •

• ㉠ 살아 움직이는 힘.

• ㉡ 슬기나 재능, 사상 따위를 깨우쳐 발전시키는 것.

• ㉢ 전문적으로 하는 것이 아니라 즐기기 위하여 하는 일.

2 다음 빈칸에 들어갈 말의 뜻을 보고, 알맞은 낱말을 보기 에서 찾아 쓰세요.

보기　　　구입하다　　　대신하다　　　활용하다

(1) 매표소에서 입장권을 _____.
└ 물건 따위를 사들이다.

(2) 여가 시간을 자기 계발에 _____.
└ 충분히 잘 이용하다.

(3) 손을 흔드는 것으로 인사를 _____.
└ 어떤 대상의 자리나 구실을 바꾸어서 새로 맡다.

3 다음 문장에서 '어렵다'가 어떤 뜻으로 사용되었는지 번호를 쓰세요.

어렵다 ── ① 하기가 까다로워 힘에 겹다.
② 겪게 되는 곤란이나 시련이 많다.
③ 상대가 되는 사람이 거리감이 있어 행동하기가 조심스럽고 거북하다.

(1) 그는 어려서 부모를 잃고 어렵게 지냈다.　　　　　　　　　　　（　　　）

(2) 어제 친구가 낸 수수께끼 문제가 너무 어려웠다.　　　　　　　（　　　）

(3) 나는 선생님이 너무 어려워서 그 앞에서는 말도 제대로 못한다.　（　　　）

주제1 우리가 사는 고장

낱말판의 가로, 세로, 대각선에 숨어 있는 낱말을 찾으며,
주제1에서 공부한 용어의 뜻을 다시 한번 떠올려 봐요.

정답 확인

지	하	자	원	인	촌	락	영	여
농	촌	벼	출	밭	기	후	이	가
사	환	오	농	농	장	염	름	생
울	경	사	진	사	강	소	전	활
산	나	물	채	산	수	양	갯	벌
자	연	어	지	취	량	봉	도	전
지	형	촌	락	모	래	사	장	시
명	농	업	자	양	식	장	공	간

힌트

❶ 사람들이 살아가는 데 영향을 주는 우리 주변의 모든 것. [예] 자연□□, 인문 □□

❷ 어떤 장소에서 여러 해에 걸쳐 나타난 기온, 비, 바람 따위의 평균을 낸 것.

❸ 마을이나 고장, 산과 강 등의 이름.

❹ 벼를 심어 가꾸고 거두는 일. [예] □□□를 짓다.

❺ 꿀을 얻기 위하여 벌을 기름. [비슷] 벌치기

❻ 물고기나 미역, 김, 조개 등을 인공적으로 기르는 일을 전문적으로 하는 곳.

❼ 땅속에 묻혀 있는 자원. 철, 석탄, 석유와 같이 인간 생활에 도움을 주는 것들을 말함.

❽ 사람들이 주로 임업을 하며 살아가는, 산지에 이루어진 촌락.

❾ 일정한 지역에 많은 사람들이 모여 사는 곳. [반대] 촌, 시골

❿ 즐거움을 얻으려고 남는 시간에 스스로 하는 자유로운 활동.

주제

2

우리나라의 전통

이번 주에 공부할 내용에 대한
주간 학습 계획을 세워 보세요.

	공부할 내용	교과 연계	공부한 날	스스로 평가
1장	살기 좋은 우리 한옥	사회 3-2 [2단원]	월 일	
2장	우리나라의 대표 보양식, 삼계탕	사회 3-2 [2단원]	월 일	
3장	오늘까지 이어져 온 조상들의 멋과 슬기	사회 3-2 [2단원]	월 일	
4장	전통을 잇는 사람들	사회 3-1 [2단원], 4-1 [2단원]	월 일	

살기 좋은 우리 한옥

 **매체 독해** 다음 인터넷 검색 결과를 보고, 물음에 답해 봅시다.

← → ↻ ⌂　　남산골 한옥 마을　　　　　　　　　　　　Q　＋　⧉

#남산골한옥마을　#한옥마을　#한옥탐방

　서울 남산의 북쪽 기슭에 한옥 마을이 자리 잡은 필동은, 옛날에는 여름철 피서를 겸한 놀이터가 있던 곳으로 유명했습니다.

　서울시는 시내에 흩어져 있던 한옥 다섯 채를 이곳으로 옮기고 복원하여 남산골 한옥 마을을 만들고, 조상들이 살았던 집의 모습을 살펴볼 수 있는 공간으로 꾸몄습니다.

기본 정보

주소　　　서울특별시 중구 퇴계로34길 28
전화번호　02-2261-0517
홈페이지　www.hanokmaeul.or.kr

관람 안내

관람 시간　평일 09:00~18:00
휴관일　　매주 월요일
입장료　　무료

---

1 친구들과 남산골 한옥 마을에 가기 위해 약속을 정하였습니다. 메모한 내용 중 <u>잘못된</u> 것을 골라 기호를 쓰세요. (　　　　　　)

- 만나는 요일: 일요일 .... ㉠
- 만나는 시간: 오전 10시 .... ㉡
- 만나는 장소: 서울 중구 퇴계로34길 28 .... ㉢
- 준비물: 입장료, 차비, 수첩과 필기도구 .... ㉣

2 남산골 한옥 마을에 대한 설명으로 알맞은 것은 어느 것인가요? (　　　　　　)

① 한옥 마을 안에는 놀이터가 있다.
② 서울시에서 한옥 다섯 채를 직접 새로 지었다.
③ 원래부터 있던 한옥 마을을 현대적으로 꾸민 곳이다.
④ 옛날 우리 조상들이 살았던 전통 가옥을 살펴볼 수 있다.
⑤ 세계 여러 나라에서 많은 관광객이 찾아올 수 있게 하려고 만들었다.

한옥은 우리 조상들이 살던 집입니다. 한옥은 크고 화려하지는 않지만, 우리 전통의 멋과 아름다움이 깃들어 있으며 자연과 더불어 살아가려는 우리 조상들의 지혜와 슬기가 담겨 있는 공간입니다. 우리나라의 전통 가옥인 한옥에는 어떤 특징이 있는지 자세히 알아볼까요?

여름
집 안으로 햇볕이 들지 않음.

겨울
집 안까지 햇볕이 들어옴.

▲ 한옥의 처마

한옥은 봄·여름·가을·겨울의 사계절이 있는 우리나라의 기후에 딱 맞게 지어진 과학적인 집입니다. 한옥의 ❶처마는 끝이 살짝 올라간 모양을 하고 있어서 곡선의 아름다움을 살렸을 뿐만 아니라, 비나 눈이 들이치는 것을 막고 집 안으로 적당한 햇볕이 들어오도록 조절하는 역할을 하였습니다. 방과 방을 연결하는 대청마루는 오늘날의 거실과 비슷한 역할을 하는데, 문이 없고 앞뒤가 뚫려 있어 더운 여름에도 바람이 잘 통해서 무척 시원하였습니다. 한옥에 설치된 온돌은 추운 겨울을 따뜻하게 나기 위해 만든 난방 장치로, 우리나라만의 독특한 시설입니다. ❷아궁이에서 불을 때면 뜨거운 불기운이 방바닥 아래를 지나가며 돌을 뜨겁게 데워 방 안을 따뜻하게 만들었습니다. 이렇게 데워진 돌은 천천히 식으며 방 안을 오랫동안 따뜻하게 해 주었습니다. 또 옛날에는 아궁이가 있는 ❸부뚜막에서 음식도 할 수 있었기 때문에 ❹일석이조의 효과가 있었습니다. 이처럼 한옥은 더운 여름은 시원하게, 추운 겨울은 따뜻하게 보낼 수 있도록 과학적으로 지어진 집입니다.

한옥은 자연과 조화를 이루는 친환경적인 집입니다. 한옥은 나무, 돌, 흙 등 자연에서 얻을 수 있는 재료를 이용하여 지었습니다. 기둥과 문, 창살 등은 나무로 만들고, 지붕을 ❺이는 재료는 짚, 나무, 흙을 사용하였습니다. 벽과 방바닥은 ❻황토에 짚을 섞어서 만들고, 창과 문에 바르는 종이인 한지도 닥나무의 속껍질로 만들었습니다. 이처럼 한옥은 자연에서 얻은 재료로 집을 지었기 때문에 건강에도 이롭고, ❼수명이 다하면 환경을 오염시키지 않고 다시 자연으로 돌아가 자연과 조화를 이루었습니다.

---

❶ **처마**: 지붕이 벽보다 조금 더 바깥으로 튀어 나와 있는 부분.
❷ **아궁이**: 방이나 솥 따위에 불을 때기 위하여 만든 구멍.
❸ **부뚜막**: 흙과 돌을 섞어 편평하게 만든, 아궁이 위에 솥을 걸어 놓는 자리.
❹ **일석이조**: 돌 한 개를 던져 새 두 마리를 잡는다는 뜻으로, 동시에 두 가지 이득을 봄을 이르는 말.
❺ **이다**: 기와나 이엉 따위로 지붕 위를 덮다.
❻ **황토**: 누렇고 거무스름한 흙.
❼ **수명**: 사물이 사용될 수 있는 기간.

1 이 글의 제목으로 알맞은 것은 어느 것인가요?　　　　　　　　　　　(　　　　)

① 한옥의 우수성　　　　　　　　　　② 한옥을 짓는 순서

③ 한옥의 전체 구조　　　　　　　　　④ 한옥이 사라진 까닭

⑤ 한옥을 지을 때 필요한 재료

2 이 글의 짜임을 바르게 설명한 것은 어느 것인가요?　　　　　　　(　　　　)

① 시간의 순서에 따라 설명하였다.

② 대상을 종류별로 묶어서 설명하였다.

③ 공통점과 차이점을 비교하여 설명하였다.

④ 어떤 주제에 대한 주장과 근거를 제시하였다.

⑤ 하나의 주제에 대하여 몇 가지 특징을 늘어놓았다.

3 이 글에서 한옥을 표현한 말로 알맞지 않은 것은 어느 것인가요?　(　　　　)

① 아름다운 집　　　　② 과학적인 집　　　　③ 친환경적인 집

④ 전통이 깃든 집　　　⑤ 크고 화려한 집

4 이 글에서 설명한 처마의 특징이 아닌 것은 어느 것인가요?　　　(　　　　)

① 끝이 살짝 올라간 모양을 하고 있다.

② 한국적인 곡선의 아름다움을 살렸다.

③ 공기를 잘 통하게 하고 습기를 조절해 준다.

④ 집 안으로 비나 눈이 들이치는 것을 막아 준다.

⑤ 집 안으로 적당한 햇볕이 들어오게 조절해 준다.

5 한옥을 지을 때 이용하는 재료를 모두 골라 ○표 하세요.

돌	짚	나무	시멘트	페인트

(　　　　)　　　(　　　　)　　　(　　　　)　　　(　　　　)　　　(　　　　)

6 다음 빈칸에 들어갈 알맞은 말은 어느 것인가요?   (   )

> 한옥은 겨울에 추운 우리나라의 기후에 알맞은 구조를 가지고 있다. 우리 조상들은 (   )을/를 사용해 방 안을 따뜻하게 하였다.

① 기둥　　　　　　② 온돌　　　　　　③ 지붕
④ 창살　　　　　　⑤ 대청마루

7 이 글에서 알 수 있는 내용으로 알맞은 것은 어느 것인가요?   (   )

① 서양식으로 지은 집은 '양옥'이라고 한다.
② 한옥에는 기와집, 초가집, 너와집 등이 있다.
③ 한옥은 생활하기에 불편한 구조로 되어 있다.
④ 한옥의 지붕 경사는 지역에 따라 차이가 있다.
⑤ 한옥은 자연과 조화를 이루는 친환경적인 집이다.

8 그림에서 한옥의 구조에 맞게 명칭을 써 보았습니다. 틀린 곳을 찾아 바르게 고쳐 쓰세요.

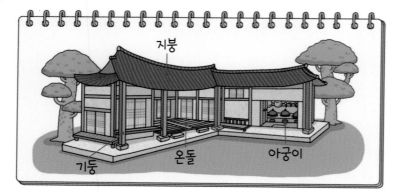

틀린 곳

↓

고쳐쓰기

지역에 따라 다른 집의 모양
옛날에는 집의 모양이 지역마다 달랐습니다. 우리나라는 남쪽으로 갈수록 따뜻해지고, 북쪽으로 갈수록 추워집니다. 그래서 남쪽 지방에서는 더운 여름에 바람이 잘 통하게 하기 위해 방들을 한 줄로 늘어놓은 'ㅡ자 모양'의 집을 지었습니다. 북쪽 지방에서는 겨울철 찬바람을 막고 집 안의 열이 빠져나가는 것을 막기 위해 방들이 마당을 둘러싼 'ㅁ자 모양'의 집을 지었습니다.

1 다음 낱말의 뜻으로 알맞은 것을 선으로 이어 보세요.

(1) 처마 •

(2) 황토 •

(3) 부뚜막 •

(4) 아궁이 •

• ㉠ 누렇고 거무스름한 흙.

• ㉡ 방이나 솥 따위에 불을 때기 위하여 만든 구멍.

• ㉢ 지붕이 벽보다 조금 더 바깥으로 튀어 나와 있는 부분.

• ㉣ 흙과 돌을 섞어 편평하게 만든, 아궁이 위에 솥을 걸어 놓는 자리.

2 다음 '일석이조'의 뜻을 보고, 바르게 사용된 것에는 ○표, 바르게 사용되지 <u>않은</u> 것에는 ×표 하세요.

일석이조: 동시에 두 가지 이득을 봄을 이르는 말.

(1) 오늘은 기다리던 소풍날인데 비가 오다니 <u>일석이조</u>예요. ( )

(2) 새로 나온 게임기가 가지고 싶은데 돈이 없으니 <u>일석이조</u>네. ( )

(3) 방 청소를 하다가 잃어버렸던 돈까지 찾았으니 <u>일석이조</u>네. ( )

(4) 보고 싶던 만화 영화를 보면서 영어 공부까지 하니 <u>일석이조</u>야. ( )

3 다음 문장에서 '이루다'가 어떤 뜻으로 사용되었는지 번호를 쓰세요.

이루다 ── ① 어떤 대상이 일정한 상태나 결과를 생기게 하다.
② 뜻한 대로 되게 하다.

(1) 열심히 노력하여 꿈을 <u>이루다</u>. ( )

(2) 한옥은 자연과 조화를 <u>이루는</u> 집이다. ( )

7
일차

2장

우리나라의 대표 보양식,
삼계탕

정답 확인

하루한장 앱에서
학습 인증하고
하루템을 모으세요!

매체 독해 다음 광고지를 보고, 물음에 답해 봅시다.

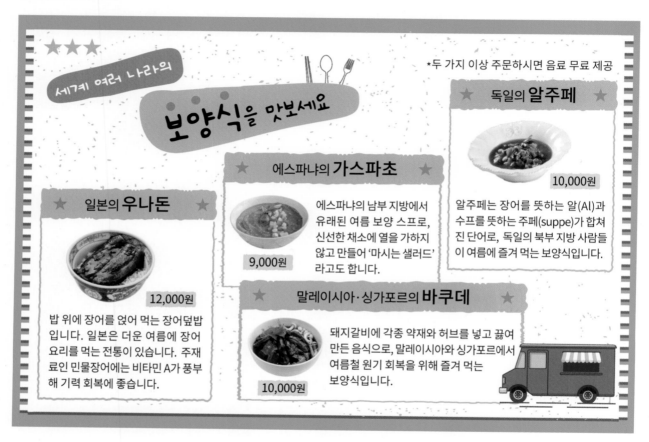

1 위 광고의 목적으로 알맞은 것은 어느 것인가요? ( )

① 마음을 전달하려고

② 경험을 소개하려고

③ 제품을 홍보하려고

④ 규칙을 설명하려고

⑤ 관찰 결과를 기록하려고

2 광고지에서 알 수 있는 내용으로 알맞지 <u>않은</u> 것은 어느 것인가요? ( )

① 우나돈에는 비타민 A가 풍부하다.

② 가스파초는 채소로 만든 음식이다.

③ 알주페는 독일 사람들의 보양식이다.

④ 우나돈과 알주페의 주요 재료는 같다.

⑤ 바쿠데는 열을 가하지 않고 만든 음식이다.

 **글 독해** 다음 글을 읽고, 물음에 답해 봅시다.

옛날 사람들은 더운 여름이 되면 차가운 계곡물에 발을 담그거나 시원한 나무 밑에서 쉬면서 더위를 피하였습니다. 또 푹푹 찌는 무더위에 건강을 잃지 않기 위해서 삼계탕이나 육개장처럼 영양이 풍부한 음식을 해 먹었습니다. 특히 더위가 심해지는 삼복에는 주로 삼계탕을 먹었습니다.

삼복에는 왜 삼계탕을 먹었을까요? 삼복은 일 년 중 가장 더운 시기로, '초복', '중복', '말복'을 통틀어 이르는 말입니다. 삼복이 되면 평소에 건강하던 사람도 땀을 많이 흘리고 쉽게 지치게 됩니다. 그래서 사람들은 닭과 인삼을 주요 재료로 하여 대추, 밤, 찹쌀 등 몸에 좋은 다양한 ❶식재료를 함께 넣고 만든 삼계탕을 먹고 더위에 지친 몸을 회복하고자 하였습니다. 여름에 날씨가 덥다고 차가운 음식을 많이 먹으면 속은 더욱 차가워져 ❷배탈이 나거나 병이 생길 수 있습니다. 그래서 ㉠ 열을 내는 음식이라고 알려진 닭과 인삼으로 뜨끈한 삼계탕을 만들어 먹음으로써, 몸에 따뜻한 ❸기운을 불어넣어 주고 몸의 ❹기력을 회복하였습니다. 삼계탕은 영양이 풍부할 뿐만 아니라 닭을 오래 끓여 낸 국물로 만들어 맛도 좋기 때문에 복날이 아니더라도 여름철이 되면 많은 사람들이 즐겨 찾는 음식이 되었습니다.

삼계탕은 닭과 인삼으로 만들었기 때문에 닭을 나타내는 한자 '계(鷄)'와 인삼을 나타내는 한자 '삼(蔘)'을 더하여 본래 '계삼탕'으로 불렸습니다. 하지만 인삼의 다양한 ❺효능이 알려지면서 인삼이 들어간 음식이라는 것을 강조하기 위해 '삼계탕'이라는 이름으로 불리기 시작했습니다. 그러면 이렇게 좋은 재료로 만든 삼계탕은 언제부터 먹게 되었을까요? 조선 시대에도 닭백숙과 같은 닭 요리를 만들어 먹었지만, 닭과 인삼을 함께 넣어 만들기 시작한 것은 1910년 이후의 일입니다. 이때만 해도 닭과 인삼은 귀한 재료라서 삼계탕은 양반이나 부자들이 즐겨 먹는 음식이었으며, 지금과 같이 많은 사람들이 즐겨 먹을 수 있게 된 것은 1960년대 이후입니다. 이렇게 닭 한 마리와 인삼을 같이 먹을 수 있는 삼계탕은 여름철 더위를 이겨 내는 우리나라의 대표적인 ❻보양식으로 자리 잡게 되었습니다.

----

❶ **식재료**: 음식을 만드는 데에 쓰는 재료.
❷ **배탈**: 먹은 것이 체하거나 설사를 하는 배 속 병을 통틀어 이르는 말.
❸ **기운**: 생물이 살아 움직이는 힘.
❹ **기력**: 사람의 몸으로 활동할 수 있는 정신과 육체의 힘.
❺ **효능**: 좋은 결과나 보람을 나타내는 능력.
❻ **보양식**: 몸에 활발한 기운이 생기도록 돕기 위하여 먹는 음식.

1 이 글에 나온 우리나라의 대표적인 여름철 보양식의 이름을 쓰세요.

(   )

2 이 글을 쓴 목적으로 알맞은 것은 어느 것인가요? (   )

① 무엇인가를 설명하기 위해서
② 다른 사람을 설득하기 위해서
③ 필요한 것을 요구하기 위해서
④ 보고 느낀 점을 기록하기 위해서
⑤ 자랑스러운 마음을 전하기 위해서

3 ㉠의 내용을 바르게 이해한 사람은 누구인가요? (   )

① 윤호: 삼계탕은 배탈을 치료하는 데 효과가 있는 음식이구나.
② 선하: 삼계탕은 몸을 차게 해서 기력을 회복시켜 주는 음식이구나.
③ 유민: 닭과 인삼은 열을 내는 음식이니 여름에는 먹으면 안 되겠구나.
④ 주영: 속이 차가워지지 않도록 따뜻한 음식을 먹어서 더위를 이겨 내려고 했구나.
⑤ 지환: 삼계탕은 열을 내는 재료인 닭과 찬 성질의 재료인 인삼을 조화시킨 음식이구나.

4 이 글에서 알 수 있는 내용에는 ○표, 알 수 <u>없는</u> 내용에는 ×표 하세요.

삼복의 뜻	삼계탕의 역사	삼계탕의 본래 이름
( )	( )	( )

삼계탕을 만드는 방법	삼계탕과 함께 즐겨 먹던 반찬	옛날 사람들이 더위를 이겨 내던 방법
( )	( )	( )

5 '삼계탕'이라는 이름과 관계 깊은 재료 두 가지를 골라 ○표 하세요.

    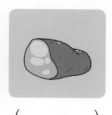

(   )   (   )   (   )   (   )   (   )

6 사람들이 삼계탕을 먹고 기대하는 효과로 알맞은 것은 어느 것인가요?   (   )

① 더위에 지친 몸을 회복하기를 바란다.

② 몸에 차가운 기운을 불어넣기를 바란다.

③ 양반이 된 기분을 느낄 수 있기를 바란다.

④ 나쁜 병균을 물리쳐 병이 낫게 되기를 바란다.

⑤ 계삼탕을 먹지 못한 서운한 마음을 달래기를 바란다.

7 이 글에서 알 수 있는 내용으로 알맞지 <u>않은</u> 것은 어느 것인가요?   (   )

① 삼복은 일 년 중 가장 더운 시기이다.

② 삼계탕은 맛도 좋고 건강에도 좋은 음식이다.

③ 삼복은 초복, 중복, 말복을 통틀어 이르는 말이다.

④ 여름에 차가운 음식을 많이 먹으면 병이 날 수 있다.

⑤ 조선 시대에도 오늘날처럼 많은 사람이 삼계탕을 즐겨 먹었다.

배경 ＋지식 넓히기

다양한 보양식

여름이 되면 무더위에 쉽게 지치고 식욕이 없어지며, 몸이 끈적거려서 불쾌지수도 쉽게 올라가게 됩니다. 그래서 사람들은 몸을 따뜻하게 해 주는 여름철 보양식을 챙겨 먹고 지친 몸과 마음을 회복하였습니다. 여름철 대표 보양식인 삼계탕을 비롯하여 장어구이, 전복, 낙지 등 영양 만점 보양식을 먹으며 건강한 여름을 보냈습니다.

1 다음 낱말의 뜻으로 알맞은 것을 선으로 이어 보세요.

(1) 기력 •

(2) 배탈 •

(3) 효능 •

• ㉠ 좋은 결과나 보람을 나타내는 능력.

• ㉡ 사람의 몸으로 활동할 수 있는 정신과 육체의 힘.

• ㉢ 먹은 것이 체하거나 설사를 하는 배 속 병을 통틀어 이르는 말.

2 다음 빈칸에 들어갈 알맞은 말을 보기 에서 찾아 쓰세요.

보기   그래서   그러면   하지만

(1) 어제는 많이 아팠어요. (   ) 학교에 갈 수 없었어요.

(2) 이 길로 곧장 걸어가세요. (   ) 우체국이 나올 거예요.

(3) 우리는 힘차게 승희를 불렀어요. (   ) 승희는 돌아보지 않았어요.

3 다음 낱말의 뜻을 보고, 문장에 들어갈 알맞은 낱말을 골라 ○표 하세요.

(1)

| 즐기다 | 무엇을 좋아하여 자주 하다. |
| 질기다 | 물건이 쉽게 해지거나 끊어지지 아니하고 견디는 힘이 세다. |

바다 수영을 (즐기다 / 질기다).

고기가 먹기 어려울 만큼 (즐기다 / 질기다).

(2)

| 따끔하다 | 찔리거나 꼬집는 것처럼 아프다. |
| 뜨끈하다 | 꽤 뜨뜻하고 더운 느낌이 있다. |

방바닥이 (따끔하다 / 뜨끈하다).

가시에 찔린 손가락이 (따끔하다 / 뜨끈하다).

8일차

3장 오늘까지 이어져 온
조상들의 멋과 슬기

정답 확인

하루한장 앱에서
학습 인증하고
하루템을 모으세요!

 **매체 독해** 다음 안내문을 읽고, 물음에 답해 봅시다.

전통문화 체험 프로그램 안내

우리 조상들의 생활과 문화를 만나볼 수 있는 다양한 전통문화 체험 프로그램이 준비되어 있습니다. 재미있는 놀이와 함께 조상들의 멋과 슬기가 담겨 있는 알찬 체험 학습도 경험해 보세요.

프로그램	내용	이용 금액
맷돌 돌리기	맷돌 돌려 콩 갈기	무료
다듬이질하기	다듬잇방망이로 옷감 두드리기	무료
누에실 뽑기	누에고치에서 명주실 뽑기	3,000원
부채 만들기	나무와 한지로 시원한 부채 만들기	4,000원
천연 염색 체험	천연 재료로 손수건 곱게 물들이기	4,000원

1 체험 프로그램에 대한 설명으로 옳은 것에는 ○표, 옳지 <u>않은</u> 것에는 ×표 하세요.

(1) 무료로 체험할 수 있는 프로그램은 세 가지이다. (   )

(2) 모든 프로그램을 체험해 보려면 11,000원이 필요하다. (   )

(3) 다듬이질하기 체험을 신청하면 실제로 누에고치를 볼 수 있다. (   )

2 안내문을 읽고 우리 조상들의 생활과 문화에 대해 <u>잘못된</u> 내용을 말한 사람은 누구인가요? (   )

① 윤서: 옛날에는 맷돌을 돌려 곡식을 갈았구나.

② 지훈: 옛날에는 누에고치에서 명주실을 뽑았구나.

③ 현아: 옛날에는 다듬잇방망이로 옷감을 손질했구나.

④ 지아: 옛날에는 무늬가 없는 새하얀 손수건만 썼었구나.

⑤ 준서: 옛날에는 나무와 한지로 부채를 만들어 사용했구나.

사람들은 아주 오래전부터 생활에 필요한 도구를 만들어 사용해 왔으며, 과학 기술이 발전하면서 일상생활에서 사용하는 생활 도구는 계속 변화하고 있습니다. 옛날 우리 조상들이 사용하던 호미와 같은 ❶농기구나 부채, 빨래판 등은 여전히 예전 모습 그대로 쓰이고 있지만, 화로나 숯다리미와 같이 사용하기 불편하여 사라져 버린 도구들도 있습니다. 하지만 ㉠옛날 생활 도구에는 우리 조상들의 지혜가 담겨 있어 그 ❷원리와 장점을 살려서 오늘날의 생활에 맞게 만들어 사용하는 것들도 있습니다.

김치냉장고는 옛날 생활 도구의 장점을 살려 현대에 맞게 만든 대표적인 예입니다. 김치냉장고가 없던 옛날에는 옹기에 김치를 담아 땅에 묻어 보관하였습니다. 옹기는 진흙으로 모양을 만들어 높은 온도에서 구워 내 만든 그릇으로, 표면에 있는 숨구멍으로 공기가 드나들어 그릇에 담긴 음식의 신선함을 오랫동안 유지해 주었습니다. 김치나 된장 등의 ❸발효 식품은 옹기에 보관하면 그 안에서 ❹숙성되어 더욱 맛있는 상태가 됩니다. 이러한 옹기의 장점을 활용하여 만든 김치냉장고 덕분에 오늘날에도 싱싱한 김치를 오래도록 맛있게 먹을 수 있게 되었습니다.

전기밥솥은 가마솥의 장점을 살려 만들었습니다. 가마솥은 무쇠로 만든 솥으로, 밥을 짓는 동안 열이 오래 지속되고 뚜껑이 무거워서 수증기가 빠져나가는 것을 막아 줍니다. 그래서 솥 안의 ❺압력을 높여 주어 밥맛을 좋게 해 줍니다. 전기밥솥은 솥 안의 압력을 높이고 열을 오랫동안 유지하는 가마솥의 원리를 이용한 생활 도구입니다.

세탁기는 빨랫방망이의 원리를 이용하여 만들었습니다. 빨랫방망이는 빨랫감을 두드려서 빠는 데 쓰는 방망이로, 빨랫방망이로 빨래를 두드리면 작은 공기 방울이 생기면서 옷에 있는 때를 밀어내어 옷이 깨끗해집니다. 세탁기는 이러한 빨랫방망이의 원리를 이용하여 손쉽게 빨래를 할 수 있게 해 줍니다.

믹서는 맷돌의 원리를 이용하였습니다. 맷돌은 옛날에 곡식을 갈 때 사용하던 도구로, 둥글고 넓적한 두 개의 돌을 포개어 윗돌의 구멍에 곡식을 넣고 돌의 ❻마찰을 이용해 갈았습니다. 믹서는 이러한 맷돌의 원리를 이용한 것으로 시간과 힘을 적게 들여서 음식을 갈 수 있습니다.

---

❶ 농기구: 농사를 짓는 데 쓰는 도구.
❷ 원리: 기본이 되는 이치나 법칙.
❸ 발효: 미생물이 물질을 분해하여 몸에 이로운 것을 만들어 내는 작용.
❹ 숙성: 효소나 미생물의 작용에 의하여 발효된 것이 잘 익음.
❺ 압력: 누르거나 미는 힘.
❻ 마찰: 두 물체가 서로 닿아 비벼짐.

1 이 글의 중심 내용으로 알맞은 것은 어느 것인가요?　　　　　　（　　　　　）

① 지금은 사라져 버린 옛날의 생활 도구

② 옛날 생활 도구와 오늘날 생활 도구의 공통점

③ 오늘날에도 여전히 사용하는 옛날의 생활 도구

④ 옛날 생활 도구의 원리와 장점을 살린 오늘날의 도구

⑤ 사람들의 생활을 편리하게 해 주는 새로운 도구의 등장

2 이 글의 짜임을 바르게 설명한 것은 어느 것인가요?　　　　　　（　　　　　）

① 시간의 순서에 따라 설명하였다.

② 공간의 변화에 따라 설명하였다.

③ 어떤 주제에 대해 다양한 예를 들어 설명하였다.

④ 해결해야 할 문제와 그에 대한 해결 방법을 제시하였다.

⑤ 글 쓰는 사람의 주장과 그것을 뒷받침하는 근거를 제시하였다.

3 다음 빈칸에 들어갈 알맞은 낱말을 넣어 이 글의 내용을 표로 정리하세요.

1문단	옛날 생활 도구의 변화
2문단	(　　　　　)의 장점을 살린 김치냉장고
3문단	(　　　　　)의 장점을 살린 전기밥솥
4문단	빨랫방망이의 원리를 이용한 (　　　　　)
5문단	(　　　　　)의 원리를 이용한 믹서

4 ㉠과 같이 이용한 옛날의 생활 도구로 알맞지 <u>않은</u> 것은 어느 것인가요?　　（　　　　　）

①
▲ 맷돌

②
▲ 옹기

③
▲ 화로

④
▲ 가마솥

⑤
▲ 빨랫방망이

(출처: 국립민속박물관)

5 다음에서 설명하는 생활 도구로 알맞은 것을 선으로 이어 보세요.

(1) 여전히 옛날 모습 그대로 사용하는 도구 • • ㉠ 부채, 호미

(2) 사용하기 불편하여 지금은 사라져 버린 도구 • • ㉡ 전기밥솥, 믹서

(3) 옛날 도구의 좋은 점을 이용하여 만든 도구 • • ㉢ 화로, 숯다리미

6 오늘날의 김치냉장고는 옹기의 장점을 이용하여 만든 것입니다. 옹기의 장점은 무엇인지 빈칸에 알맞은 말을 쓰세요.

옹기는 (   )(으)로 구워 만든 그릇인데, 표면의 (   ) (으)로 공기가 드나들어 그릇에 담긴 음식의 신선함을 오랫동안 유지해 준다.

7 이 글의 내용으로 알맞은 것을 보기 에서 모두 골라 기호를 쓰세요.

> 보기 ㉠ 옛날에 쓰던 생활 도구는 모두 사라졌다.
> ㉡ 과학 기술이 발전하면 생활 도구가 변화한다.
> ㉢ 옛날의 도구는 예전 모습 그대로 사용해야 한다.
> ㉣ 옛날의 생활 도구에는 조상들의 지혜가 담겨 있다.

(   )

조상들의 지혜가 담긴 다양한 생활 도구

우리나라의 전통적인 생활 도구에는 조상들의 지혜와 슬기가 담겨 있습니다. 음식을 가는 도구로 맷돌 대신 믹서를 사용하는 것이 더 편리하지만, 맷돌로 곡식을 갈면 영양소가 파괴되지 않아 재료의 고유한 맛이 그대로 남는 장점이 있습니다. 또 부채는 계속 부치다 보면 팔이 아픈 단점이 있지만, 가지고 다니기 편하고 부채가 일으키는 바람은 자연 바람에 가까워서 오늘날 에어컨을 이용하면서 생기기 쉬운 냉방병에 걸릴 위험이 적습니다.

1 다음 빈칸에 들어갈 알맞은 낱말을 보기 에서 찾아 쓰세요.

> 보기   마찰   발효   숙성   압력   원리

(1) 누르거나 미는 힘.   (   )

(2) 기본이 되는 이치나 법칙.   (   )

(3) 두 물체가 서로 닿아 비벼짐.   (   )

(4) 효소나 미생물의 작용에 의하여 발효된 것이 잘 익음.   (   )

(5) 미생물이 물질을 분해하여 몸에 이로운 것을 만들어 내는 작용.   (   )

2 다음 빈칸에 들어갈 말의 뜻을 보고, 알맞은 낱말을 보기 에서 찾아 쓰세요.

> 보기   꾸준히   여전히   틈틈이

(1) 공부하는 _____ 운동을 하였다.
      └ 시간적인 여유가 있을 때마다.

(2) 가을이 되었지만 날씨가 _____ 더웠다.
      └ 전과 같이.

(3) 힘들었지만 포기하지 않고 _____ 연습하였다.
      └ 한결같이 부지런하고 끈기가 있는 태도로.

3 다음 문장에서 '쓰다'가 어떤 뜻으로 쓰였는지 번호를 쓰세요.

쓰다

① 붓, 펜, 연필과 같이 선을 그을 수 있는 도구로 종이 따위에 일정한 글자의 모양이 이루어지게 하다.

② 모자 따위를 머리에 얹어 덮다.

③ 어떤 일을 하는 데에 재료나 도구, 수단을 이용하다.

(1) 머리에 가발을 <u>쓰다</u>.   (   )

(2) 빨래를 깨끗이 하려고 세제를 <u>쓰다</u>.   (   )

(3) 오늘 배운 중요한 내용을 공책에 <u>쓰다</u>.   (   )

9일차

4장 전통을 잇는 사람들

정답 확인

하루한장 앱에서
학습 인증하고
하루템을 모으세요!

매체 독해 다음 인터뷰 내용을 읽고, 물음에 답해 봅시다.

국가 무형 문화재 궁시장을 만나다.

질문자 오늘 만나볼 장인은 국가 무형 문화재 제△△호로 지정된 궁시장이십니다. 안녕하세요? 궁시장에 대해 직접 소개해 주세요.

궁시장 저는 60년째 우리 전통 화살을 만들고 있는 궁시장입니다. 궁시장은 활과 화살을 만드는 장인으로, 궁시에서 궁은 활을 가리키고, 시는 화살을 가리킵니다.

질문자 전통 화살을 만드는 일이 쉽지 않으실 것 같아요. 어떠신가요?

궁시장 화살이 만들어지는 과정은 복잡하고 많은 시간이 걸립니다. 화살대를 만드는 데 쓰이는 대나무만 해도 말리는 데 1년, 다듬는 데 5~6개월이 걸린답니다. 대나무 외에 화살을 만드는 데 필요한 싸리나무, 복숭아 껍질, 민어 부레, 쇠심줄, 까투리 털 등의 재료도 자연에서 직접 얻어야 하죠.

1 '궁시장'의 뜻이 드러나도록 빈칸에 들어갈 알맞은 말을 쓰세요.

궁	시	장
( )과/와	( )을/를 만드는	장인

2 화살을 만드는 과정을 설명한 내용으로 알맞지 <u>않은</u> 것은 어느 것인가요?   (   )

① 재료는 주로 자연에서 얻는다.

② 화살대를 만드는 데 1년이 걸린다.

③ 과정이 매우 복잡하고 시간이 많이 걸린다.

④ 쇠심줄, 싸리나무, 복숭아 껍질 등이 필요하다.

⑤ 재료로 쓰이는 대나무를 다듬는 데 5~6개월이 걸린다.

전통문화란 오랜 세월에 걸쳐 이어져 내려온 우리의 고유한 문화를 말합니다. 전통문화는 과거와 현재를 이어 주면서 우리 민족을 하나로 연결하는 역할을 합니다. 이처럼 중요한 역할을 하는 전통문화가 못 쓰게 되거나 사라지는 일이 없도록 하기 위해 우리의 전통문화를 지키고 ❶전승하는 사람들이 있습니다.

먼저 전통 음악을 지키고 전승하기 위해 노력하는 사람들이 있습니다. 종묘 제례악은 조선 왕실의 역대 왕과 왕비들에게 제사를 지낼 때 사용되던 음악과 춤을 말합니다. 가야금 병창은 우리나라 악기인 가야금을 연주하면서 ❷민요나 판소리의 한 부분을 부르는 전통 예술을 말합니다. 종묘 제례악과 가야금 병창은 눈에 보이지는 않지만 다음 세대에 물려줄 만한 가치를 인정받아 무형 문화재로 지정되었고, 이러한 예술에 대한 능력을 지닌 사람들이 우리의 전통 음악을 전승하고자 애쓰고 있습니다.

전통 공예 기술을 전승하는 사람도 있습니다. 전통장은 한지, 나무, 가죽 등의 재료를 이용해서 화살을 담는 긴 통인 전통을 만드는 기술을 가진 사람을 말합니다. 전통은 화살을 담는 기능도 중요하지만, 전통에 각종 ❸문양을 새겨 장식하기 때문에 섬세한 기술이 필요합니다. 이 외에도 일반 바느질은 물론 ❹누비 기법으로 바느질을 하는 장인인 누비장, 몸에 지니는 자그마한 칼인 장도를 제작하는 장인인 장도장이 있습니다. 이들은 이러한 전통 공예의 ❺명맥이 끊어지지 않도록 노력하고 있습니다.

우리의 전통문화 중에는 아름답고 과학적으로 뛰어나며, 세계적으로 수준 높은 문화로 인정받은 것들이 많습니다. 그러나 이렇게 우수한 전통문화일지라도 우리가 관심을 가지고 지켜 나가지 않으면 사라질 수 있습니다. 우리가 문화 민족이라는 자부심을 잃지 않고, 나아가 새로운 문화를 창조해 나가는 ❻밑거름으로 삼기 위해서 전통문화를 현대에 맞게 이어 받아 발전시켜야 합니다. 이를 위해 평소에도 우리 모두가 전통문화에 관심을 갖고, 전통문화를 알리기 위해 노력해야 합니다.

---

❶ **전승**: 문화, 풍속, 제도 따위를 물려주어 잇게 함.
❷ **민요**: 예로부터 민중 사이에 불려 오던 전통적인 노래를 통틀어 이르는 말. 아리랑, 도라지 등이 있음.
❸ **문양**: 옷감이나 조각품 따위를 장식하기 위한 여러 가지 모양.
❹ **누비**: 두 겹의 천 사이에 솜을 넣고 줄이 죽죽 지게 박는 바느질.
❺ **명맥**: 사라지거나 끊어지지 않고 이어지는 전통.
❻ **밑거름**: 어떤 일을 이루는 데 기초가 되는 것.

1 이 글의 중심 내용으로 알맞은 것은 어느 것인가요?   (   )

① 전통문화의 종류

② 전통문화가 사라져 가는 까닭

③ 전통문화와 새로운 문화의 갈등

④ 전통문화를 지키고 전승하는 사람들

⑤ 세계적으로 인정받은 우리나라의 전통문화

2 이 글을 내용상 크게 세 부분으로 나눌 때 알맞은 것은 어느 것인가요?   (   )

① 1문단 / 2문단, 3문단, 4문단

② 1문단, 2문단 / 3문단, 4문단

③ 1문단 / 2문단, 3문단 / 4문단

④ 1문단, 2문단 / 3문단 / 4문단

⑤ 1문단, 2문단, 3문단 / 4문단

3 전통문화의 역할을 바르게 설명한 것은 어느 것인가요?   (   )

① 우리 민족을 하나로 연결해 준다.

② 과거와 현재를 분명히 구분해 준다.

③ 우리나라가 세계에서 가장 훌륭한 국가임을 보여 준다.

④ 우리 민족이 과학을 중요하게 생각해 왔음을 알려 준다.

⑤ 옛날부터 우리가 다른 나라의 영향을 많이 받았음을 보여 준다.

4 이 글에서 다음 빈칸에 들어갈 알맞은 말을 찾아 쓰세요.

> 종묘 제례악이나 가야금 병창과 같이 눈에 보이지는 않지만 다음 세대에 물려줄
> 만한 가치를 인정받은 문화재는 (   )(으)로 지정되고, 이러한 예술에 대한
> 능력을 지닌 사람들이 우리 전통 음악을 전승하고자 노력하고 있다.

(   )

5 다음에서 설명하는 사람을 일컫는 말을 이 글에서 찾아 쓰세요.

(1) 화살을 담는 통인 전통을 만드는 기술을 전승하는 사람: (   )

(2) 몸에 지니는 작은 칼인 장도를 제작하는 기술을 전승하는 사람: (   )

(3) 일반 바느질과 누비 기법으로 바느질을 하는 일을 전승하는 사람: (   )

6 이 글에서 알 수 있는 내용이 <u>아닌</u> 것은 어느 것인가요? (   )

① 전통문화는 오랜 세월에 걸쳐 이어져 왔다.

② 전통문화도 못 쓰게 되거나 사라질 수 있다.

③ 민요와 판소리는 형태가 없어 눈에 보이지 않는다.

④ 전통 공예 기술을 이어 가는 사람들로 옹기장이 있다.

⑤ 조선 왕실의 왕과 왕비에게 제사를 지낼 때 음악과 춤이 이용되었다.

7 전통문화를 보존해야 하는 까닭으로 알맞은 것에는 ○표, 알맞지 <u>않은</u> 것에는 ×표 하세요.

(1) 우리가 관심을 가지지 않으면 없어질 수 있기 때문이다. (   )

(2) 우리가 문화 민족이라는 자부심을 잃지 않기 위해서이다. (   )

(3) 우리의 전통문화의 우수성을 세계적으로 인정받기 위해서이다. (   )

(4) 새로운 문화를 창조해 나가기 위한 밑거름으로 삼기 위해서이다. (   )

전통문화 콘텐츠 산업

전통문화 콘텐츠 산업이란 전통문화를 계승하고 발전시켜 새로운 문화를 창조하거나 상품으로 만들어 내는 것을 말합니다. 생활 한복을 입고 세계화에 앞장서는 것, 한글을 활용하여 디자인한 컵이나 부채 등 다양한 상품을 만드는 것, 전통문화인 사물놀이의 흥겨운 가락을 이용하여 뮤지컬 공연을 만드는 것 등을 예로 들 수 있습니다.

1 다음 빈칸에 들어갈 말의 뜻을 보고, 알맞은 낱말을 보기 에서 찾아 쓰세요.

> 보기　　　　　　　　명맥　　　　　　　전승

(1) 훌륭한 문화는 계속해서 _____ 해야 한다.
　　　　　└ 문화, 풍속, 제도 따위를 물려주어 잇게 함.

(2) 겨우 _____ 을/를 유지해 오던 전통문화가 사라져 가고 있다.
　　└ 사라지거나 끊어지지 않고 이어지는 전통.

2 다음 낱말의 뜻을 보고, 문장에 들어갈 알맞은 낱말을 골라 ○표 하세요.

(1)	지연되다	무슨 일이 더디게 끌어져 시간이 늦추어지다.
	지정되다	관공서, 학교, 회사, 개인 등으로부터 어떤 것에 특정한 자격이 주어지다.

　새로 발견된 도자기가 문화재로 (지연되다 / 지정되다).
　친구들이 늦게 와서 회의 시간이 (지연되다 / 지정되다).

(2)	자만심	자신이나 자신과 관련 있는 것을 스스로 자랑하며 뽐내는 마음.
	자부심	자신이나 자신과 관련 있는 것에 대하여 스스로 그 가치나 능력을 믿고 당당히 여기는 마음.

　발전된 우리나라의 모습을 보고 (자만심 / 자부심)을 느꼈다.
　우리 팀이 제일 잘한다는 (자만심 / 자부심)에 빠졌다가 시합에서 지고 말았다.

3 다음 밑줄 친 말과 뜻이 비슷한 낱말을 보기 에서 찾아 쓰세요.

> 보기　　　　관습　　　　계승　　　　무늬

(1) 고려청자는 <u>문양</u>이 아름답기로 이름이 높다. ………………………… [　　]

(2) 우리 민족의 문화를 <u>전승</u>하여 창조적으로 발전시켜야 한다. ……… [　　]

(3) 훌륭한 전통은 다음 세대로 내려갈수록 더욱 발전하는 법이다. …… [　　]

신나는 퍼즐 퍼즐

가로세로 퍼즐을 완성하며, **주제2**에서 공부한 용어의 뜻을
다시 한번 떠올려 봐요.

가로 열쇠

❶ 진흙으로 만든 그릇.

❸ 아궁이에서 불을 때어 방 밑으로 열이 지나가
면서 난방을 해 주는 장치.

❹ 우리나라 악기인 가야금을 연주하면서 민요나
판소리의 한 부분을 부르는 전통 예술.

❺ 한옥에서 지붕이 벽보다 조금 더 바깥으로 튀
어 나와 있는 부분.

❼ 어떤 사회의 구성원에 의하여 습득, 공유, 전달
되는 생활 양식. **예** ○○유산

❾ 문화, 풍속 따위를 물려주어 잇게 함. **비슷** 계승

❿ 김치의 보관을 위해 만든 냉장고.

⓫ 손으로 흔들어 바람을 일으키는 물건.

세로 열쇠

❷ 대기의 온도.

❹ 무쇠로 만든 솥으로, 밥을 짓는 동안 솥 안의
압력을 높여 주어 밥맛을 좋게 함.

❻ 공기나 햇빛을 받을 수 있고, 밖을 내다볼 수
있도록 벽이나 지붕에 낸 문.

❽ 숯불을 담아 놓는 그릇으로, 주로 불씨를 보존
하거나 난방을 위하여 씀. 옛날의 난로.

❾ 화살을 담는 긴 통인 전통을 만드는 기술을 가
진 사람.

⓫ 흙과 돌을 섞어 편평하게 만든, 아궁이 위에 솥
을 걸어 놓는 자리.

주제

3

교통과
통신의 발달

 이번 주에 공부할 내용에 대한
주간 학습 계획을 세워 보세요.

옛날에는 버스 승하차를 돕던 사람이 있었대요

 **매체 독해** 다음 뉴스 화면을 보고, 물음에 답해 봅시다.

시민들의 버스 이용, '더 똑똑하게'

버스 도착 예정 시간, 버스 위치 정보, 막차 정보 등을 알 수 있는 버스 정보 안내 시스템이 도입되면서 시민들의 발이 되어 주는 버스의 이용이 보다 편리해졌습니다.
버스를 이용해 등하교하는 학생들이나 출퇴근하는 시민들이 버스를 더욱 신뢰하고 편리하게 이용할 수 있도록 버스 정보 안내 시스템을 확대해 나갈 예정입니다.

1 뉴스에서 버스 정보 안내 시스템으로 알 수 있다고 한 정보를 모두 골라 ○표 하세요.

버스 크기 ☐	막차 정보 ☐	버스 요금 ☐	버스 도착 예정 시간 ☐

2 버스 정보 안내 시스템이 도입되면서 달라진 점이 <u>아닌</u> 것은 어느 것인가요? (   )

① 출퇴근하는 사람들에게 도움이 되었다.

② 시민들이 버스를 신뢰할 수 있게 되었다.

③ 시민들의 버스 이용률이 많이 줄어들었다.

④ 버스 탈 시간을 미리 알고 이동할 수 있게 되었다.

⑤ 등하교하는 학생들이 버스를 편리하게 이용할 수 있게 되었다.

버스를 출발시키라는 신호로 '오-라이'를 크게 외치던 버스 안내양에 대해 들어 본 적 있나요? 우리나라의 버스 안내양은 1920년대 후반에 여차장 혹은 버스걸이라는 이름으로 처음 등장하였습니다. 아직 ❶치마저고리를 입는 것에 익숙하던 시절에 ❷양장 차림의 유니폼을 입고 승객들에게 표를 끊어 주던 버스 안내양의 모습은 많은 사람의 부러움을 사기에 충분하였습니다. 당시 대학생들 사이에서 최고의 신부 후보감으로 대접을 받았던 버스 안내양은 광복이 된 후 한동안 자취를 감추었습니다.

버스 안내양이 다시 모습을 드러낸 것은 1961년 버스 안내양 제도가 도입되면서부터입니다. 하지만 시대가 변하면서 버스 안내양은 1920년대의 화려함과는 거리가 먼, 낮은 임금을 받고 하루 18시간씩 일하는 ❸열악한 근무 조건에 시달려야 했습니다. 1984년부터는 버스에서 내릴 곳을 안내하는 방송이 시작되었고, 하차 벨이 설치되면서 승객이 하차 벨을 누르면 문이 자동으로 열리게 되었습니다. 그리고 1989년에 버스에 안내원을 반드시 탑승시켜야 한다는 법이 삭제되면서 버스 안내양이라는 직업은 추억 속으로 사라지게 되었습니다.

그런데 최근 버스 안내양이 ❹고령의 어르신이 많은 농어촌 지역을 중심으로 '버스 도우미'라는 이름으로 돌아왔습니다. 농어촌 지역에서 버스는 유일한 대중교통이지만 고령의 어르신이 혼자 이용하기에는 어려울 때가 많습니다. 어르신들의 버스 내 안전사고를 예방하고 버스를 편하게 이용할 수 있도록 버스 도우미를 채용하며 사라진 옛 직업이 수십 년 만에 ❺부활한 것입니다. 버스 도우미는 몸이 불편한 승객이 버스에 타고 내리는 것을 돕고 무거운 짐도 척척 들어 주는 등 승객의 안전과 ❻편의를 위해 일합니다. 그래서 어르신들이 버스를 타기가 한결 ❼수월해졌다고 입을 모읍니다. 버스 도우미 제도의 도입은 버스 승객에게 도움을 제공하면서 다른 사람을 돕는 일을 직업으로 찾고 있는 사람에게 일자리를 제공할 수 있어 [　　㉠　　]의 효과를 보고 있습니다.

---

❶ **치마저고리**: 여자들이 입는 한복을 이르는 말.

❷ **양장**: 옷차림이나 머리 모양을 서양식으로 꾸밈. 또는 그런 옷이나 몸단장.

❸ **열악하다**: 품질이나 능력, 시설 따위가 매우 떨어지고 나쁘다.

❹ **고령**: 나이가 많음. 또는 많은 나이.

❺ **부활**: 전보다 약해지거나 없어진 것이 다시 본래대로 됨.

❻ **편의**: 형편이나 조건 따위가 편하고 좋음.

❼ **수월하다**: 까다롭거나 힘들지 않아 하기가 쉽다.

1 다음 빈칸에 알맞은 낱말을 넣어 이 글의 제목을 완성하세요.

> 사라졌던 추억의 직업 (　　　　　　　), 다시 등장

2 이 글에서 알 수 있는 내용이 <u>아닌</u> 것은 어느 것인가요?　　　　　(　　　)

① 오늘날 버스 도우미의 역할
② 버스 안내양이 사라진 까닭
③ 버스 안내양이 처음 등장한 때
④ 버스 안내양이 갖추어야 할 자격 조건
⑤ 버스 안내양이 1961년에 다시 모습을 드러낸 까닭

3 버스 안내양에 대한 설명으로 옳은 것에는 ○표, 옳지 <u>않은</u> 것에는 ×표 하세요.

(1) 1920년대 후반에 여차장 혹은 버스걸이라는 이름으로 처음 생겨났다.　(　　　)
(2) 광복이 된 후 한동안 자취를 감추었다가 1961년에 다시 등장하였다.　(　　　)
(3) 1980년대에 대학생들 사이에서 최고의 신부 후보감이었다.　　　　(　　　)
(4) 1984년에 버스 운전사와 갈등을 겪으며 사라지게 되었다.　　　　(　　　)

4 오늘날 버스 도우미가 생겨서 좋은 점을 보기 에서 모두 골라 기호를 쓰세요.

> 보기 　 ㉠ 버스를 싼 요금으로 이용할 수 있다.
> 　　　 ㉡ 여성의 사회적 지위가 전보다 높아졌다.
> 　　　 ㉢ 고령의 어르신이 안전하고 편리하게 버스를 이용할 수 있다.
> 　　　 ㉣ 몸이 불편한 승객이 버스를 승하차할 때 도움을 받을 수 있다.

(　　　　　)

5 ㉠에 들어갈 한자 성어로 알맞은 것은 어느 것인가요? ( )

① 대기만성(大器晚成): 크게 될 사람은 늦게 이루어짐.

② 일취월장(日就月將): 나날이 다달이 자라거나 발전함.

③ 일거양득(一擧兩得): 한 가지의 일을 통해 두 가지의 이익을 얻음.

④ 마이동풍(馬耳東風): 남의 말을 귀담아듣지 아니하고 지나쳐 흘려버림.

⑤ 동상이몽(同牀異夢): 겉으로는 같이 행동하면서도 속으로는 각각 딴생각을 하고 있음.

6 다음 밑줄 친 부분에 들어갈 알맞은 말은 어느 것인가요? ( )

> 시내버스에서 승객의 승하차를 도와주던 버스 안내양은 1980년대에 사라졌다. 그런데 몇 년 전부터 ＿＿＿＿＿＿＿＿＿ 농어촌 지역을 중심으로 버스 안내양이 버스 도우미라는 이름으로 부활하여 긍정적 효과를 보이고 있다.

① 일자리가 부족한　　② 버스 요금이 비싼　　③ 자연 경관이 멋있는

④ 고령의 어르신이 많은　　⑤ 하차 벨이 설치되지 않은

7 버스 안내양이 오늘날 다시 등장한 것에 대해 바람직한 반응을 보인 사람의 이름을 쓰세요.

> • 슬비: 시대의 변화를 거스르는 것은 옳지 못해.
> • 민철: 옛것을 좇다 보면 미래의 발전은 더딜 수밖에 없어.
> • 선하: 과거의 역사에서 현재의 어려움을 해결할 방법을 찾았어.
> • 진수: 옛날을 그리워한다고 그때가 다시 돌아올 수 있는 것은 아니야.

( )

배경 +지식 넓히기

유행가의 주인공, 버스 안내양

버스 안내양이 주인공인 노래가 있습니다. 1956년에 발표되었다고 짐작되는 「시골뻐스 여차장」은 가수 심연옥이 부른 노래로, 당시 버스 안내양의 일과를 생생하게 담고 있습니다. 경쾌한 리듬과 함께 정겨우면서도 사실적으로 표현된 가사를 통해 당시 버스 안내양들의 삶의 모습을 살펴볼 수 있습니다.

1 다음 낱말의 뜻으로 알맞은 것을 선으로 이어 보세요.

(1) 고령 •

(2) 양장 •

(3) 편의 •

• ㉠ 나이가 많음. 또는 많은 나이.

• ㉡ 형편이나 조건 따위가 편하고 좋음.

• ㉢ 옷차림이나 머리 모양을 서양식으로 꾸밈. 또는 그런 옷이나 몸단장.

2 다음 문장에서 '부활'이 어떤 뜻으로 사용되었는지 번호를 쓰세요.

부활
① 죽었다가 다시 살아남.
② 전보다 약해지거나 없어진 것이 다시 본래대로 됨.

(1) 사라질 위기에 있던 판소리가 부활하였다. (   )

(2) 고대 이집트 사람들은 영혼의 부활을 믿었다. (   )

(3) 학교 축제가 4년 만에 부활하여 한창 진행되고 있다. (   )

3 다음 빈칸에 들어갈 말의 뜻을 보고, 알맞은 낱말을 보기 에서 찾아 쓰세요.

보기   수월하다   열악하다   채용하다

(1) 교육 환경이 _____.
└ 품질이나 능력, 시설 따위가 매우 떨어지고 나쁘다.

(2) 회사에서 신입 사원을 _____.
└ 사람을 골라서 쓰다.

(3) 이 도서실은 정리가 잘되어 있어서 책 찾기가 _____.
└ 까다롭거나 힘들지 않아 하기가 쉽다.

친환경적인 자동차의 등장

매체 독해 다음 백과사전을 읽고, 물음에 답해 봅시다.

어린이 백과사전

ᄌ

▶ 우리나라 최초의 자동차 도입

우리나라에 자동차가 처음으로 등장한 때는 1903년 입니다. 고종 황제의 즉위 40주년을 맞아 의전용으로 들어온 '어차(御車)'가 바로 우리나라에 최초로 도입된 자동차입니다.

*의전: 행사를 치를 때 따르는 정해진 방식. 또는 정하여 진 방식에 따라 치르는 행사.

▶ 국내 최초의 자동차 생산

우리나라에서 처음 생산한 자동차는 1955년에 등장한 시발자동차입니다. '시발(始發)'은 '일이 처음으로 시작됨.'이라는 뜻으로, 우리의 기술로 자동차를 처음 만든 것을 기념하자는 의미로 붙여졌습니다. 당시 시발자동차는 영업용 택시로 인기가 있었기 때문에 '시발택시'로 더 많이 불리게 되었습니다.

---

1 다음에서 설명하는 낱말을 백과사전에서 찾아 쓰세요.

> 우리나라에 최초로 도입된 자동차로, 고종 황제의 즉위 40주년을 맞아 의전용으로 들어왔다.

(   )

2 '시발자동차'에 대한 설명으로 알맞은 것은 어느 것인가요? (정답 2개) (   )

① 1955년에 등장하였다.

② 다른 나라의 기술로 만들었다.

③ 우리나라가 최초로 수입한 자동차이다.

④ 외국 자본으로 만든 최초의 자동차이다.

⑤ 우리의 기술로 처음 만든 자동차라는 뜻이다.

글 독해 다음 글을 읽고, 물음에 답해 봅시다.

(가) 자동차의 등장으로 우리는 먼 곳까지 빠르고 편하게 이동할 수 있게 되었습니다. 또한 물건도 이곳저곳으로 빠르게 실어 나를 수 있게 되었습니다. 우리는 자동차를 이용하여 많은 편리함과 경제적 발전을 얻었지만, 동시에 여러 가지 문제에 부딪히게 되었습니다. 그중 가장 큰 문제로는 환경 오염을 꼽을 수 있습니다. 우리 주변에서 흔히 볼 수 있는 대부분의 자동차는 석유에서 에너지를 얻어 움직입니다. 그런데 석유에서 에너지를 얻는 과정에서 나오는 자동차의 ❶배기가스에는 수많은 ❷유해 물질이 섞여 있어 대기를 오염시키고, 사람들의 건강까지 ❸위협하고 있습니다. 또한 자동차 때문에 발생하는 소음 ❹공해도 심각한 문제입니다.

(나) 이와 같은 문제를 해결하기 위해 석유로 움직이는 기존의 자동차를 ❺대체할 만한 수단으로 전기 차가 등장하였습니다. 전기 차는 오직 전기의 힘으로 움직이기 때문에 배기가스를 배출하지 않습니다. 또한 전기 차에는 엔진이 없어 그로 인한 소음과 진동도 적습니다. 이러한 장점으로 전기 차는 오늘날 ❻무공해 친환경적인 자동차로 높은 관심을 받고 있습니다. 전기 차는 기존의 자동차에 비하여 경제성도 높습니다. 똑같은 거리를 전기 차와 기존의 자동차로 달린다고 할 때, 달리는 데 필요한 전기 에너지를 구입하는 비용이 석유를 구입하는 비용보다 훨씬 저렴합니다.

(다) 전기 차는 전기를 충전할 수 있는 충전소가 아직 많지 않아 불편함이 있다는 점, 충전된 전기량에 따라 움직일 수 있는 거리에 제한이 있다는 점 등 아직 ❼보완해야 할 문제점이 있습니다. 하지만 기존 자동차의 환경 오염 문제가 두드러지면서 전기 차는 문제점을 보완하며 빠르게 성장해 가고 있습니다. 환경 보호에 도움이 될 뿐만 아니라 비용도 절약되어 경제적 효과가 큰 전기 차, 이제 세계 각 나라가 관심을 가져야 할 때입니다.

---

❶ **배기가스**: 자동차에서 밖으로 내보내는 가스.
❷ **유해 물질**: 인간의 생활에 해를 끼치는 물질.
❸ **위협**: 힘으로 으르고 협박함.
❹ **공해**: 산업이나 교통의 발달에 따라 사람이나 생물이 입게 되는 여러 가지 피해.
❺ **대체**: 다른 것으로 대신함.
❻ **무공해**: 자연이나 사람에게 피해를 주지 않음.
❼ **보완**: 모자라는 것을 보충해서 완전하게 함.

1 다음 빈칸에 알맞은 낱말을 넣어 이 글의 제목을 완성하세요.

(   )의 등장

2 이 글에서 글쓴이가 말하고자 하는 내용은 어느 것인가요?   (   )

① 석유를 아끼기 위하여 노력하자.

② 환경 오염을 막을 방법을 찾아 실천하자.

③ 전기 차 외의 다른 자동차는 모두 없애자.

④ 환경을 생각해서 자동차를 절대로 타지 말자.

⑤ 친환경적인 전기 차를 널리 알리고 사용하자.

3 석유로 움직이는 자동차의 문제점으로 알맞은 것을 보기 에서 모두 골라 기호를 쓰세요.

> 보기   ㉠ 빛 공해를 일으킨다.
> ㉡ 소음 공해를 발생시킨다.
> ㉢ 움직일 때 나오는 배기가스가 대기를 오염시킨다.
> ㉣ 충전된 전기량에 따라 움직일 수 있는 거리에 제한이 있다.

(   )

4 전기 차의 특징으로 알맞지 <u>않은</u> 것은 어느 것인가요?   (   )

① 친환경적인 자동차이다.

② 오직 전기의 힘으로만 움직인다.

③ 엔진이 없기 때문에 소음과 진동이 적다.

④ 석유로 움직이는 자동차에 비하여 경제성이 낮다.

⑤ 전기를 충전할 수 있는 충전소가 많지 않아 불편함이 있다.

5 다음 빈칸에 알맞은 낱말을 넣어 (가)~(다)의 내용을 표로 정리하세요.

(가)	(　　　　　)에서 에너지를 얻어 움직이는 자동차에서 나오는 배기가스는 (　　　　　)을/를 오염시키고, 사람들의 건강을 위협한다.
(나)	전기 차는 (　　　　　)적인 자동차로, (　　　　　)도 높다.
(다)	보완해야 할 문제점이 있지만, 환경 보호에 도움이 되고 경제적 효과가 큰 (　　　　　)에 세계 각 나라가 관심을 가져야 한다.

6 다음과 같은 특성을 나타내는 낱말을 이 글에서 찾아 쓰세요.

전기 차가 자연이나 사람에게 피해를 주지 않는 특성

(　　　　　　　　　　)

7 전기 차와 비슷한 목적으로 등장한 교통수단은 어느 것인가요? (　　　　)

① 물 이외의 배출 가스를 발생시키지 않는 수소 자동차
② 사람이 직접 운전하지 않아도 되는 자율 주행 자동차
③ 전국 어디라도 빠르게 도착할 수 있게 하는 고속 철도
④ 움직이기 불편한 장애인들의 이동을 돕는 장애인 택시
⑤ 고급스러운 시설과 편리함을 보장하는 프리미엄 고속버스

세계 최초의 전기 차
최근 거리에서 자주 볼 수 있게 된 전기 차는 사실 180여 년 전에 처음 개발되었습니다. 세계 최초의 전기 차는 1834년 스코틀랜드의 로버트 앤더슨이라는 인물이 개발하였습니다. 그러나 1910년대에 미국의 헨리 포드가 가솔린차의 대량 생산을 가능하게 하면서 전기 차는 100년 가까이 모습을 감추게 되었습니다.

1 다음 빈칸에 들어갈 말의 뜻을 보고, 알맞은 낱말을 보기 에서 찾아 쓰세요.

> 보기   대체   위협   무공해

(1) 환경을 위해 값은 좀 비싸더라도 _____ 비누를 사용하기로 하였다.
└ 자연이나 사람에게 피해를 주지 않음.

(2) 그는 새로운 _____ 에너지를 개발하기 위하여 밤낮으로 노력하였다.
└ 다른 것으로 대신함.

(3) 대기 오염이 점점 심각해져서 인간의 생명까지 _____ 을/를 받고 있다.
└ 힘으로 으르고 협박함.

2 다음 낱말의 뜻을 보고, 문장에 들어갈 알맞은 낱말을 골라 ○표 하세요.

(1)

제안	계획이나 의견으로 내놓음.
제한	일정한 한계나 범위를 넘지 못하게 막음.

나이에 따라 영화 관람에 (제안 / 제한)을 두다.
그는 내일 다시 모임을 갖자고 (제안 / 제한)하였다.

(2)

보안	안전을 유지함.
보완	모자라는 것을 보충해서 완전하게 함.

이것은 비밀 서류이므로 (보안 / 보완)에 신경을 써야 한다.
사람들은 문제점을 (보안 / 보완)하기 위하여 최선을 다하였다.

3 다음 문장에 들어갈 말을 바르게 쓴 것에 ○표 하세요.

(1) 나는 선생님의 말씀을 마음 (깊숙이 / 깊숙히) 간직했다.

(2) 선생님은 학생들이 쓴 글을 (일일이 / 일일히) 읽어 보셨다.

(3) 강아지를 만지지 말고 (가만이 / 가만히) 눈으로만 봐 주세요.

(4) 연우는 방에 틀어박혀 무언가를 (곰곰이 / 곰곰히) 생각하고 있다.

사물, 인터넷으로 연결되다

**매체 독해** 다음 미래 씨의 일과표를 보고, 물음에 답해 봅시다.

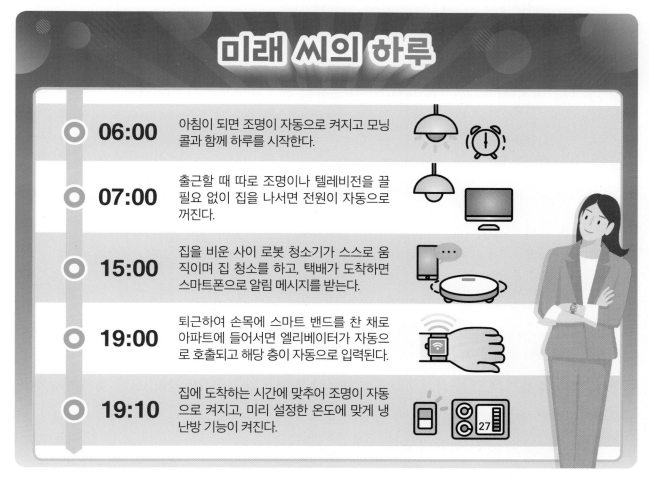

미래 씨의 하루

06:00 아침이 되면 조명이 자동으로 켜지고 모닝 콜과 함께 하루를 시작한다.

07:00 출근할 때 따로 조명이나 텔레비전을 끌 필요 없이 집을 나서면 전원이 자동으로 꺼진다.

15:00 집을 비운 사이 로봇 청소기가 스스로 움직이며 집 청소를 하고, 택배가 도착하면 스마트폰으로 알림 메시지를 받는다.

19:00 퇴근하여 손목에 스마트 밴드를 찬 채로 아파트에 들어서면 엘리베이터가 자동으로 호출되고 해당 층이 자동으로 입력된다.

19:10 집에 도착하는 시간에 맞추어 조명이 자동으로 켜지고, 미리 설정한 온도에 맞게 냉난방 기능이 켜진다.

1 미래 씨의 하루에서 자동으로 이루어지는 일이 <u>아닌</u> 것은 어느 것인가요?　(　　)

① 조명 끄기　　　　② 집 청소하기　　　　③ 냉난방기 켜기

④ 회사에서 일하기　　⑤ 엘리베이터 호출하기

2 일과표에 등장하는 사물들의 작동 원리로 알맞은 것을 에서 골라 기호를 쓰세요.

> 보기
> ㉠ 사람이 모두 직접 관리하는 원리
> ㉡ 사물 스스로 사람의 마음을 읽고 작동하는 원리
> ㉢ 사람이 사물을 원격으로 제어하고 관리하는 원리

(　　)

기상 시간이 되면 스마트폰 알람음이 울립니다. 알람음과 함께 방 전등이 자동으로 켜지고 커튼이 열리면서 아침 햇살이 잠을 깨웁니다. 스마트폰과 연결된 스피커에서는 ❶생체 리듬에 맞는 노래가 흘러나오고, 커피 머신은 자동으로 커피를 내립니다. 머리나 옷의 매무새를 매만지는 동안 오늘의 날씨, 뉴스, 현재의 교통 상황 등이 거울에 표시됩니다. 비가 온다는 예보를 깜빡하고 집을 나서려는데 우산을 챙기라는 알림이 스마트폰에서 울립니다. 우산을 챙겨 주차장으로 향하면 도착 시간에 맞게 자동차의 시동도 자동으로 걸립니다. ❷사물이 알아서 해야 할 일을 척척 해 주는, 마치 영화 속에서나 가능할 것 같았던 일들이 시작되고 있습니다. ㉠ 그것은 바로 '사물 인터넷' 기술 덕분입니다.

사물 인터넷(IoT, Internet of Things)은 사물들에 통신 기능을 넣어 인터넷에 연결되도록 하여 개별 사물들이 제공하지 못했던 새로운 서비스를 제공하는 것을 말합니다. ⎡ ㉡ ⎤ '사물들이 서로 연결된 것' 혹은 '사물들로 구성된 인터넷'을 말하는 것입니다. 각종 사물들이 인터넷에 연결되면 사람과 사물, 사물과 사물 간에 서로 정보를 주고받으며 소통할 수 있습니다.

사물 인터넷은 이미 우리의 삶 곳곳에 영향을 미치고 있습니다. 버스를 이용할 때 스마트폰 애플리케이션이나 버스 정류장의 전광판으로 버스가 언제 도착하는지 알려 주는 서비스도 사물 인터넷이 적용된 사례입니다. 사물 인터넷은 집에도 적용할 수 있습니다. 스마트폰만 있으면 텔레비전, 공기 청정기와 같은 가전제품을 비롯하여 조명 시설, 냉난방 장치, 보안 기기까지 편리하게 ❸제어할 수 있습니다. 더 나아가 날씨 정보에 따라 ❹최적의 온도로 냉난방을 조절하고, 사람이 침대에 누운 것을 ❺인지하여 조명을 자동으로 조절할 수도 있습니다. 또한, 몸에 차고 있는 스마트 기기를 통해 개인의 건강 상태를 실시간으로 살펴볼 수 있는 시스템이나 약 먹을 시간을 알려 주는 스마트 약통이 개발되는 등 건강과 관련된 분야에까지 폭넓게 활용되고 있습니다. 이처럼 다양한 분야에서 활용되며 우리의 삶을 더욱 편리하게 해 주고 우리가 꿈꾸는 미래의 삶을 빠르게 경험할 수 있게 해 주는 사물 인터넷은 ❻가히 미래를 이끌어 갈 핵심 기술이라고 할 수 있습니다.

---

❶ 생체 리듬: 사람의 생명 활동을 통하여 신체, 감성, 지성 따위에 되풀이되어 나타나는 변화.
❷ 사물: 세상의 온갖 것.
❸ 제어: 기계나 설비 따위를 알맞게 움직이도록 조절함.
❹ 최적: 가장 알맞음.
❺ 인지: 어떤 사실을 인정하여 앎.
❻ 가히: '능히', '넉넉히'의 뜻을 나타냄.

1 이 글에서 알 수 있는 내용이 <u>아닌</u> 것은 어느 것인가요? (   )

① 사물 인터넷의 뜻
② 사물 인터넷이 적용된 사례
③ 사물 인터넷이 활용되는 분야
④ 사물 인터넷 기술이 가져올 미래 사회의 모습
⑤ 사물 인터넷을 사용할 때 나타날 수 있는 문제점

2 사물 인터넷에 대한 설명으로 옳은 것에는 ○표, 옳지 <u>않은</u> 것에는 ×표 하세요.

(1) 사물들로 구성된 인터넷을 말한다. (   )
(2) 사물과 사물을 인터넷에 연결하는 것이다. (   )
(3) 미래 사회에서 볼 수 있는 상상 속의 기술이다. (   )
(4) 활용할 수 있는 분야가 한두 가지로 정해져 있다. (   )

3 ㉠이 가리키는 의미로 알맞은 것은 어느 것인가요? (   )

① 현실과 영화가 서로 다른 것
② 사람들이 영화처럼 살고 싶어 하는 것
③ 영화 속에서도 불가능한 장면이 나오는 것
④ 사람들이 영화는 영화일 뿐이라고 생각하는 것
⑤ 영화 속에서나 가능할 것 같았던 일들이 현실에서 시작된 것

4 ㉡에 들어갈 말로 알맞지 <u>않은</u> 것은 어느 것인가요? (   )

① 정리하자면,   ② 다시 말하면,
③ 쉽게 말하면,   ④ 간단히 말하면,
⑤ 더 자세히 말하면,

이 글의 내용을 잘못 이해한 사람은 누구인가요? ( )

① 아라: 사물 인터넷은 버스에도 적용되었어.

② 하준: 사물 인터넷 기술은 스마트폰으로만 연결돼.

③ 준성: 사물 인터넷은 집이라는 공간에도 적용할 수 있어.

④ 라익: 사물 인터넷은 건강과 관련된 분야에서도 활용되고 있어.

⑤ 재우: 사물 인터넷은 우리가 꿈꾸는 미래의 삶을 빠르게 경험할 수 있게 해 줄 거야.

 다음 밑줄 친 부분에 들어갈 알맞은 말을 골라 ○표 하세요.

> 회사원 김미래 씨는 매일 아침 회사에서 해야 할 업무 내용과 날씨 정보를 인공 지능 스피커에 물어본다. 그러면 인공 지능 스피커는 정보를 찾아서 음성으로 알려 준다. 인공 지능 스피커를 조명이나 텔레비전 등 다른 기기와 연결하면 음성 인식으로 기기를 켜고 끌 수도 있다. 이처럼 인공 지능 스피커는 ＿＿＿＿＿＿＿＿＿＿ 사물 인터넷 기술의 무궁무진한 발전을 기대하게 한다.

음성 명령으로 정보를 찾고 기기를 다룸으로써 ☐	기계나 로봇이 사람보다 뛰어남을 보여 줌으로써 ☐	모든 가전제품에 음성 기능이 생길 것임을 보여 줌으로써 ☐

 사물 인터넷이 활용된 사례로 알맞은 것은 어느 것인가요? ( )

① 아침마다 문 앞까지 배달되는 신문

② 라디오에 직접 연결하여 쓰는 헤드폰

③ 시곗바늘로 시간을 알려 주는 손목시계

④ 직접 손으로 버튼을 눌러 전원을 켜는 에어컨

⑤ 꽃에 물을 주어야 하는 때를 실시간으로 알려 주는 화분

배경 +지식 넓히기

도둑을 쫓아낸 똑똑한 로봇 청소기

이스라엘의 한 가정에서 로봇 청소기가 도둑을 쫓아 화제가 되었다고 합니다. 빈집에 도둑이 들어오자 로봇 청소기가 집 안의 움직임을 감지하고 도둑의 사진을 찍어 주인의 스마트폰으로 전송한 것입니다. 사물 인터넷 기술의 발달로 이렇게 로봇 청소기가 집을 지켜 주는 시대가 오게 되었습니다.

1 다음 낱말의 뜻으로 알맞은 것을 선으로 이어 보세요.

(1) 인지 •

(2) 제어 •

(3) 최적 •

• ㉠ 가장 알맞음.

• ㉡ 어떤 사실을 인정하여 앎.

• ㉢ 기계나 설비 따위를 알맞게 움직이도록 조절함.

2 다음 문장에서 '걸다'가 어떤 뜻으로 사용되었는지 번호를 쓰세요.

걸다
① 어떤 물체를 떨어지지 않도록 매달아 올려놓다.
② 기계 장치가 작동되도록 하다.
③ 다른 사람을 향해 먼저 어떤 행동을 하다.

(1) 올림픽에서 우승하여 금메달을 목에 걸다. ( )

(2) 직장에 출근하기 위해 자동차에 시동을 걸다. ( )

(3) 도서관 가는 길을 묻기 위해 지나가는 사람에게 말을 걸다. ( )

3 다음 빈칸에 들어갈 말의 뜻을 보고, 알맞은 낱말을 보기 에서 찾아 쓰세요.

보기	가히	감히	극히

(1) 그는 _____ 임금의 명령을 거역했다.
└ 말이나 행동이 주제넘게.

(2) 지구가 다른 별과 충돌할 확률은 _____ 낮다.
└ 더할 수 없는 정도로.

(3) 얼굴 표정만 보아도 그 마음을 _____ 짐작할 수 있었다.
└ '능히', '넉넉히'의 뜻을 나타냄.

정답 확인

하루한장 앱에서
학습 인증하고
하루템을 모으세요!

 **매체 독해**　다음 공익 광고 포스터를 보고, 물음에 답해 봅시다.

밥 한 번, 스마트폰 한 번

가족과의 식사 시간, 친구와의 대화 시간
사랑하는 사람을 앞에 두고
스마트폰에 시선을 빼앗긴 사람들
당신도 스마트폰을 보고 있지는 않나요?
스마트폰 사용량 전 세계 1위 대한민국

스마트폰 사용만큼은
구두쇠가 되어도 좋습니다

(출처: 한국방송광고진흥공사)

1 위 공익 광고 포스터에서 전하고 싶어 하는 내용으로 알맞은 것에 ○표 하세요.

| 스마트폰에 중독되지 말자. ☐ | 사랑하는 사람에게 스마트폰을 보여 주자. ☐ | 세계에서 스마트폰 사용량 1위 국가가 되자. ☐ |

2 위 공익 광고 포스터에 대한 설명으로 알맞지 <u>않은</u> 것은 어느 것인가요?　(　　　　)

① 출처가 어디인지 알 수 없다.

② 제목을 크고 굵은 글씨로 표현하였다.

③ 질문을 하여 독자에게 생각할 시간을 준다.

④ 구두쇠라는 낱말을 굵고 진하게 하여 강조하였다.

⑤ 스마트폰을 굴비줄로 엮은 그림은 구두쇠 이야기를 연상하게 한다.

'노모포비아', '스몸비'라는 **①**신조어를 들어 보았나요? '노모포비아'는 '노 모바일폰 **②**포비아'의 줄임말로, 휴대 전화가 없으면 불안감을 느끼는 증상을 말합니다. '스몸비'는 '스마트폰'과 '좀비'를 **③**합성한 말로, 스마트폰을 보느라 주변을 살피지 않고 길을 걷는 사람을 이르는 말입니다. 스마트폰에 빠져 머리를 떨구고 느릿느릿 움직이는 이들의 모습이 되살아난 시체를 뜻하는 좀비와 같다고 해서 새로 생긴 단어입니다. 이처럼 스마트폰에 지나치게 빠져 있는 사람들이 나날이 늘어나자 이를 보여 주는 신조어가 생기게 되었습니다.

스마트폰을 사용하면서 사람들은 누리 소통망 서비스(SNS)로 쉽고 빠르게 소통할 수 있게 되었습니다. 하지만 이러한 것들에 너무 깊이 빠져들게 되면서 정작 현실에서는 다른 사람들과 좋은 관계를 맺는 데에 어려움을 느끼거나 **④**의사소통하는 것에 곤란을 겪는 사람들이 생겨나게 되었습니다. 스마트폰을 지나치게 사용하여 생긴 **⑤**부작용은 우리 주변에서도 쉽게 찾아볼 수 있습니다. 스마트폰을 보며 길을 걷다가 문이나 벽, 다른 사람이나 자동차에 부딪치기도 하고, 심지어 운전하면서 스마트폰을 보다가 사고가 나기도 합니다. 학교에서는 학생들이 스마트폰에 정신을 빼앗겨서 수업에 집중하지 못하는 경우도 많습니다. 스마트폰 사용 요금이 너무 많이 나와서 생기는 경제적 부담도 만만치 않으며, **⑥**거북목 증후군이나 **⑦**수면 장애가 나타나는 등 건강에도 부정적인 영향을 끼치고 있습니다.

㉠ 과유불급(過猶不及)이라는 말처럼 스마트폰을 지나치게 사용하면 육체적 건강은 물론 정신적 건강까지 해칠 수 있으므로 주의해야 합니다. 스마트폰을 현명하고 올바르게 사용하려면 어떻게 해야 할까요? 스마트폰을 사용하는 시간과 공간을 계획적으로 제한하는 것이 좋습니다. 또 정해진 시간만큼 사용한 후에는 눈 건강 체조와 스트레칭으로 눈과 몸의 피로를 풀어 주어야 합니다. 가족이나 친구 등 가까운 사람과 함께 있을 때에는 되도록 스마트폰을 사용하지 말고, 가까운 사람들과 나누는 대화의 소중함을 아는 것도 좋은 방법이 될 수 있습니다.

---

① 신조어: 새로 생긴 말. 또는 새로 우리말이 된 외래어.

② 포비아: 공포증.

③ 합성: 둘 이상의 것을 합쳐서 하나를 이룸.

④ 의사소통: 가지고 있는 생각이나 뜻이 서로 통함.

⑤ 부작용: 어떤 일에 딸려서 일어나는 바람직하지 못한 일.

⑥ 거북목 증후군: 사람의 목이 거북의 목처럼 앞으로 구부러지는 증상.

⑦ 수면 장애: 잠을 깊게 자지 못하거나 잠들지 못하는 증상. 또는 수면 시간이 너무 길어 일상생활에 지장을 주는 상태.

1 이 글을 쓴 목적으로 알맞은 것은 어느 것인가요?　　　　　　　（　　　　）

① 정보를 제공하기 위해서
② 관찰 결과를 보고하기 위해서
③ 자신의 감정을 표현하기 위해서
④ 어떤 인물의 삶을 소개하기 위해서
⑤ 여행하면서 보고, 듣고, 느끼고, 겪은 것을 쓰기 위해서

2 다음 신조어의 뜻으로 알맞은 것을 선으로 이어 보세요.

(1)　스몸비　•　　　　　•　㉠　휴대 전화가 없으면 불안감을 느끼는 증상.

(2)　노모포비아　•　　　　　•　㉡　스마트폰을 보느라 주변을 살피지 않고 길을 걷는 사람을 이르는 말.

3 다음 밑줄 친 부분에 들어갈 알맞은 말은 어느 것인가요?　　　　　（　　　　）

> '노모포비아', '스몸비' 같은 신조어들은 오늘날 많은 사람이 ＿＿＿＿＿＿＿＿ 현상을 보여 준다.

① 스마트폰에 중독된
② 스마트폰 사용을 금지하는
③ 우울증과 피로에 시달리는
④ 누리 소통망 서비스로 활발하게 소통하는
⑤ 현실에서 의사소통하는 것에 어려움을 느끼는

4 누리 소통망 서비스(SNS)를 지나치게 사용하여 나타난 모습은 무엇인가요?　（　　　　）

① 누리 소통망 서비스를 점점 멀리하게 되었다.
② 가족과는 누리 소통망 서비스로만 소통하게 되었다.
③ 사람들과 직접 만나 소통하는 것에 곤란을 겪게 되었다.
④ 사람들은 서로 얼굴을 맞대고 의사소통하는 것을 더 좋아하게 되었다.
⑤ 누리 소통망 서비스를 통해 만나는 사람들과의 관계가 점점 불편해졌다.

5 스마트폰을 지나치게 사용할 때 나타나는 부작용이 <u>아닌</u> 것은 무엇인가요? (   )

① 거북목 증후군이 생길 수 있다.

② 문이나 벽에 부딪치는 안전사고가 발생할 수 있다.

③ 운전이 서툴러서 생기는 교통사고로 이어질 수 있다.

④ 학교에서 학생들이 수업에 집중하는 데 어려움을 겪을 수 있다.

⑤ 스마트폰 사용 요금이 너무 많이 나와 경제적으로 문제가 생길 수 있다.

6 ㉠의 뜻으로 알맞은 것은 어느 것인가요? (   )

① 많으면 많을수록 더 좋다.

② 죽어서도 잊지 않고 은혜를 갚다.

③ 작은 것을 탐하다가 큰 것을 잃다.

④ 지나친 것은 부족한 것보다 못하다.

⑤ 재앙과 근심, 걱정이 바뀌어 오히려 복이 된다.

7 스마트폰을 올바르게 사용하고 있는 사람의 이름을 모두 쓰세요.

> • 하연: 스마트폰을 사용하는 시간을 스스로 조절하고 있어.
> • 재승: 정해진 시간 동안 사용한 후에는 눈 건강을 위한 체조를 해.
> • 지아: 필요한 정보가 있어도 스마트폰은 쓰지 않고 책이나 사전만 찾아봐.
> • 현경: 집은 편한 공간이니까 가족과 식사하면서 스마트폰으로 게임을 즐겨.

(   )

스마트폰을 사용할 때 눈 건강을 지키는 방법

1시간 정도 스마트폰만 봤다면 눈동자는 1시간 동안 같은 자세로 벌을 선 것과 같다고 합니다. 눈에 쌓인 피로를 풀고 눈을 맑아지게 하려면 눈동자를 상하좌우로 돌리는 안구 회전 운동을 하거나, 창문을 열고 먼 풍경을 바라보는 것이 좋습니다.

1 다음의 뜻을 가진 낱말을 보기 에서 찾아 쓰세요.

> 보기　　　　　합성　　　　　부작용　　　　　의사소통

(1) 둘 이상의 것을 합쳐서 하나를 이룸.　　　　　　　　　　　　(　　　　　　　)

(2) 가지고 있는 생각이나 뜻이 서로 통함.　　　　　　　　　　　(　　　　　　　)

(3) 어떤 일에 딸려서 일어나는 바람직하지 못한 일.　　　　　　(　　　　　　　)

2 다음 밑줄 친 말과 비슷한 뜻을 가진 낱말을 보기 에서 찾아 쓰세요.

> 보기　　　　　무리　　　　　방해　　　　　새말

(1) 인터넷이 발달하면서 신조어가 많이 생겨났다. ……………………… ⬚

(2) 아버지는 과도한 업무 때문에 불면증에 걸리셨다. ……………… ⬚

(3) 경제적 어려움이 장애가 되어 학교를 못 다니는 아이들이 있다. …… ⬚

3 다음 문장에서 '풀다'가 어떤 뜻으로 사용되었는지 번호를 쓰세요.

> 풀다
> ① 묶이거나 감기거나 얽히거나 합쳐진 것 따위를 그렇지 아니한 상태로 되게 하다.
> ② 일어난 감정 따위를 누그러뜨리다.
> ③ 피로나 독기 따위를 없어지게 하다.

(1) 신발 끈을 풀다.　　　　　　　　　　　　　　　　　　　　　(　　　　)

(2) 친구가 사과를 해서 화를 풀기로 했다.　　　　　　　　　　　(　　　　)

(3) 따뜻한 물에 들어앉으니 쌓인 피로가 일시에 풀리는 것 같았다.　(　　　　)

끝말잇기 놀이를 하며, 주제3에서 공부한 용어의 뜻을
다시 한번 떠올려 봐요.

출발

아래로!

❶　　❷　❸　　점프!

성공!

❹

힌트

❶ 가지고 있는 생각이나 뜻이 서로 통함.

　예 그 사람과는 □□□□이 전혀 되질 않는다.

❷ 우편이나 전신, 전화 따위로 정보나 의사를 전달함.

❸ 새로 생긴 말. 또는 새로 우리말이 된 외래어.

❹ 자동차에서 밖으로 내보내는 가스.

❺ 스마트폰을 보느라 주변을 살피지 않고 길을 걷는 사람을 이르는 말.

❻ 자연환경을 오염하지 않고 자연 그대로의 환경과 잘 어울리는 일. 비슷 환경친화

❼ 비용, 시간, 노력 등을 적게 들이면서도 이익을 높이는 성질.

❽ 사람이나 동식물 등이 자라서 점점 커짐.

❾ 사물들에 통신 기능을 넣어 인터넷에 연결되도록 하여 개별 사물들이 제공하지 못했던 새로운 서비스를 제공하는 것.

❺

❾

점프!　❽　　❼　　❻　쉬어가기!

위로!

옆으로!

주제

4

다양한 의식주 생활 모습

이번 주에 공부할 내용에 대한
주간 학습 계획을 세워 보세요.

	공부할 내용	교과 연계	공부한 날	스스로 평가
1장	옛날과 오늘날의 옷차림	사회 3-2 [1단원]	월 일	😣 😛 😎
2장	고장마다 특색 있는 김치	사회 3-2 [1단원]	월 일	😣 😛 😎
3장	기후에 따라 독특한 집이 있어요	사회 3-2 [1단원]	월 일	😣 😛 😎
4장	세계 여러 나라의 다양한 생활 모습	사회 3-2 [1단원], 4-2 [3단원]	월 일	😣 😛 😎

옛날과 오늘날의 옷차림

 **매체 독해** 다음 일기 예보를 보고, 물음에 답해 봅시다.

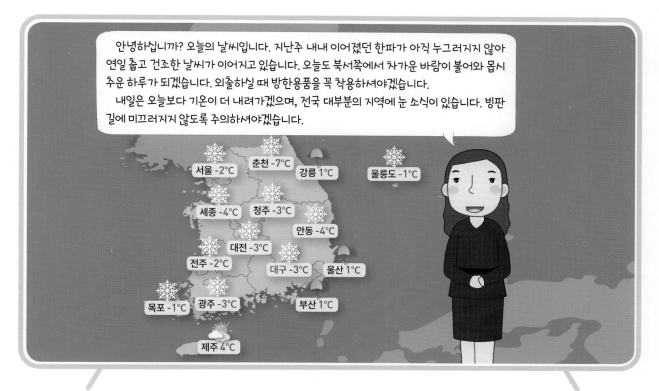

안녕하십니까? 오늘의 날씨입니다. 지난주 내내 이어졌던 한파가 아직 누그러지지 않아 연일 춥고 건조한 날씨가 이어지고 있습니다. 오늘도 북서쪽에서 차가운 바람이 불어와 몹시 추운 하루가 되겠습니다. 외출하실 때 방한용품을 꼭 착용하셔야겠습니다.

내일은 오늘보다 기온이 더 내려가겠으며, 전국 대부분의 지역에 눈 소식이 있습니다. 빙판 길에 미끄러지지 않도록 주의하셔야겠습니다.

서울 -2℃
춘천 -7℃
강릉 1℃
울릉도 -1℃
세종 -4℃
청주 -3℃
안동 -4℃
대전 -3℃
전주 -2℃
대구 -3℃
울산 1℃
목포 -1℃
광주 -3℃
부산 1℃
제주 4℃

1 위 일기 예보의 내용과 관련 있는 계절은 어느 것인가요?　　　　　　　（　　　　　）

① 봄　　　　　　　② 여름　　　　　　　③ 가을
④ 겨울　　　　　　⑤ 사계절

2 위 일기 예보를 보고, 외출할 때 알맞은 옷차림을 한 사람의 이름을 쓰세요.

- 채린: 가벼운 나들이옷을 입었어.
- 기호: 비를 막을 수 있는 우의를 입고 우산을 썼어.
- 혜빈: 얇은 반소매 옷을 입고 챙이 넓은 모자를 썼어.
- 진솔: 두꺼운 외투를 입고, 목도리를 두르고 장갑을 꼈어.

（　　　　　）

 **다음 글을 읽고, 물음에 답해 봅시다.**

❶의식주는 사람이 살아가는 데 기본적으로 필요한 것입니다. 그중에서 '의(衣)'는 몸을 싸서 가리거나 보호해 주는 옷을 뜻합니다. 옷은 덥거나 추운 날씨로부터 몸을 보호하는 기능을 하기도 하지만, 자신의 개성을 표현하거나 사회적 ❷지위를 나타내기 위한 수단이 되기도 합니다.

옷은 시대에 따라 그 모습이 변하기도 합니다. 옛날 우리 조상들의 옷차림을 보면 오늘날 사람들의 옷차림과 많이 다릅니다. 옛날 우리 조상들은 한복을 입고 생활하였습니다. 옛날에는 남자와 여자가 입는 옷이 분명하게 달랐는데, 남자들은 저고리, 바지, ❸도포를 주로 입었고 여자들은 저고리, 치마, ❹장옷을 주로 입었습니다. 하지만 서양식 옷이 들어오면서 사람들은 한복 대신 서양식 옷을 입게 되었습니다. 이에 따라 오늘날 사람들은 양복, 셔츠, 블라우스, 치마, 청바지 등을 즐겨 입게 되었고, 옛날과 달리 남자 옷과 여자 옷의 구분은 많이 없어졌습니다.

날씨와 계절에 따라 입는 옷도 다릅니다. 옛날 우리 조상들은 더위를 피하거나 추위를 막기 위하여 다양한 옷감을 사용해 옷을 만들어 입었습니다. 여름에는 ❺모시옷, ❻삼베옷과 같이 바람이 잘 통하는 시원한 옷감으로 만든 옷을 입었고, 겨울에는 누비옷과 같이 솜을 넣어 누빈 두꺼운 옷을 입었습니다. 비가 올 때에는 풀이나 볏짚 등으로 '도롱이'라는 비옷을 만들어 입기도 하였고, 겨울철에 눈이 많이 내리는 고장에서는 발이 눈에 빠지지 않도록 넓적한 모양의 설피를 신발 바닥에 덧대어 신기도 하였습니다.

도롱이

설피

오늘날에도 날씨와 계절에 따라 입는 옷이 다릅니다. 오늘날 사람들은 여름에는 바람이 잘 통하는 옷감으로 만든 옷을 입고 뜨거운 햇볕을 막아 주는 모자를 쓰기도 합니다. 겨울에는 솜을 넣어 만든 두꺼운 옷을 입고 장갑을 끼거나 털모자를 쓰고 목도리를 두르기도 합니다. 비가 올 때에는 비에 몸이 젖는 것을 피하기 위하여 우산을 쓰거나 비옷을 입고 장화를 신기도 합니다.

---

❶ **의식주**: 옷(의)과 음식(식)과 집(주)을 통틀어 이르는 말.
❷ **지위**: 개인의 사회적 신분에 따르는 위치나 자리.
❸ **도포**: 예전에, 보통의 예복으로 입던 남자의 겉옷.
❹ **장옷**: 예전에, 여자들이 나들이할 때에 얼굴을 가리느라고 머리에서부터 길게 내려 쓰던 옷.
❺ **모시**: 모시풀 껍질의 섬유로 짠 천.
❻ **삼베**: 삼 껍질에서 뽑아낸 실로 짠 천.

1 이 글의 중심 내용으로 알맞은 것은 어느 것인가요? ( )

① 상황에 맞는 옷차림
② 남자와 여자의 옷차림
③ 우리나라의 전통 옷차림
④ 옛날과 오늘날의 옷차림
⑤ 세계 여러 나라의 옷차림

2 다음 빈칸에 들어갈 알맞은 낱말을 이 글에서 찾아 쓰세요.

> 사람들은 덥거나 추운 날씨로부터 몸을 보호하기 위하여 옷을 입기도 하지만, 자신의 ( )을/를 표현하거나 사회적 ( )을/를 나타내기 위한 수단으로 입기도 한다.

3 다음 빈칸에 알맞은 낱말을 넣어 옛날 사람들의 옷차림을 표로 정리하세요.

옛날 사람들의 옷차림

남자	여자
• _____	• _____
• _____	• _____
• _____	• _____

4 다음 우리 조상들의 옷을 보고, 여름에 입었던 옷에는 '여름', 겨울에 입었던 옷에는 '겨울'이라고 쓰세요.

(출처: 국립민속박물관)

(1)
▲ 누비옷
( )

(2)
▲ 모시옷
( )

(3)
▲ 삼베옷
( )

5 옛날 사람들이 입었던 비옷을 부르는 말을 이 글에서 찾아 쓰세요.

(   )

6 오늘날 사람들의 옷차림에 대한 설명으로 알맞지 <u>않은</u> 것은 어느 것인가요? (   )

① 날씨에 따라 입는 옷이 다르다.

② 겨울에는 털모자를 쓰고 목도리를 두르기도 한다.

③ 남자인지 여자인지에 따라 입는 옷이 완전히 다르다.

④ 양복, 셔츠, 블라우스, 치마, 청바지 등을 즐겨 입는다.

⑤ 여름에는 바람이 잘 통하는 옷감으로 만든 옷을 입는다.

7 옛날 사람들과 오늘날 사람들의 옷차림에 대한 설명으로 옳은 것에는 ○표, 옳지 <u>않은</u> 것에는 ×표 하세요.

(1) 옛날 우리 조상들은 한복을 입고 생활하였다.   (   )

(2) 옛날과 오늘날 모두 날씨와 계절에 따라 입는 옷이 다르다.   (   )

(3) 오늘날에는 비가 오는 날에 신발 바닥에 설피를 덧대어 신는다.   (   )

(4) 옛날에는 하나의 옷감을 이용해 옷을 만들었으나, 오늘날에는 다양한 옷감을 이용해

옷을 만든다.   (   )

우리 조상들의 전통 옷감

우리 조상들은 모시풀, 삼, 목화 등 자연에서 뽑아낸 재료로 옷을 만들어 입었습니다. 여름옷을 만들 때에 사용한 모시와 삼베는 각각 모시풀과 삼이라는 식물의 껍질을 벗긴 뒤 가늘게 쪼개어 실을 뽑아 만든 옷감입니다. 겨울에는 목화에서 뺀 솜을 넣어 누빈 옷을 입었습니다.

1 다음의 뜻을 가진 낱말을 보기 에서 찾아 쓰세요.

> 보기   도포   모시   삼베   장옷

(1) 모시풀 껍질의 섬유로 짠 천.   (   )

(2) 삼 껍질에서 뽑아낸 실로 짠 천.   (   )

(3) 예전에, 보통의 예복으로 입던 남자의 겉옷.   (   )

(4) 예전에, 여자들이 나들이할 때에 얼굴을 가리느라고 머리에서부터 길게 내려 쓰던 옷.

(   )

2 다음 밑줄 친 말의 기본형을 따라 쓰고, 이 말과 반대의 뜻을 가진 낱말을 보기 에서 찾아 쓰세요.

> 보기   빼다   얇다   다르다

(1) 손을 호주머니에 넣다.   넣다   ↔   [   ]

(2) 추워서 옷을 두껍게 입었다.   두껍다   ↔   [   ]

(3) 나와 내 짝의 운동화는 색깔이 같다.   같다   ↔   [   ]

3 다음 빈칸에 들어갈 말의 뜻을 보고, 알맞은 낱말을 보기 에서 찾아 쓰세요.

> 보기   가령   대신   이미

(1) _____ 네가 어른이 되었다고 치자.
    └ 가정하여 말하여.

(2) 내가 도착했을 때에는 _____ 시합이 끝난 뒤였다.
                └ 다 끝나거나 지난 일을 이를 때 쓰는 말.

(3) 우리 가족은 가끔 밥 _____ 빵으로 아침 식사를 한다.
               └ 어떤 대상의 자리나 구실을 바꾸어서 새로 맡음.

2장 고장마다 특색 있는 김치

 **매체 독해** 다음 만화를 보고, 물음에 답해 봅시다.

1 다음 지역에서 설날에 먹는 음식을 찾아 쓰세요.

(1) 밀농사를 많이 짓는 지역: (   )

(2) 벼농사를 많이 짓는 지역: (   )

2 위 만화에서 밑줄 친 '맞아'와 비슷한 뜻으로 쓰인 말은 어느 것인가요?　　(　　　　)

① 새해를 맞아 새로운 계획을 세웠다.

② 어제 수학 시험에서 100점을 맞았다.

③ 이 설명이 맞는지 지금부터 확인해 봅시다.

④ 동생이랑 싸워서 부모님께 야단을 맞아 속상했다.

⑤ 할머니, 할아버지께서 우리를 정답게 맞아 주셨다.

　김치의 맛이 고장에 따라 조금씩 다르다는 사실을 알고 있나요? 김치는 채소와 양념, 젓갈을 섞어서 담그는 대표적인 발효 식품입니다. 김치는 발효되는 과정에서 온도의 영향을 받는데, 고장마다 기온이 다르기 때문에 각 고장에서는 양념과 젓갈, 소금의 양을 조절하여 김치를 만듭니다. 이렇게 고장마다 다른 양념과 젓갈, 소금의 양이 바로 김치의 맛을 ^❶좌지우지합니다.

　겨울이 길고 추운 북부 지방에서는 김치가 쉽게 ^❷쉬지 않기 때문에 소금과 양념을 적게 넣고 채소의 맛과 향을 그대로 살린 김치를 주로 담급니다. 대체로 김치의 국물이 ^❸넉넉해 싱겁고 시원한 맛이 납니다. 북부 지방 중에서도 동해안을 끼고 있는 지역에서는 생선이 풍부하여 젓갈 대신 가자미, 대구 등 기름기 없는 생선을 썰어 넣어 김치에 시원한 맛을 더하기도 합니다. 대표적인 김치로는 함경도의 가자미^❹식해, 평안도의 백김치 등이 있습니다. 백김치는 그 이름에 ^❺걸맞게 고춧가루를 넣지 않고 허옇게 담근 김치로, 젓갈류를 쓰지 않아 다른 지방의 김치에 비해 싱거운 편입니다.

　중부 지방에서는 싱겁거나 짜지 않은 담백한 젓갈을 넣어서 김치를 담급니다. 그래서 김치의 간이 적당하고 담백한 맛이 납니다. 대표적인 김치로는 경기도의 장김치, 충청도의 섞박지, 강원도의 무청김치, 황해도의 호박김치가 있습니다. 산이 많은 강원도에서는 밭농사가 유리하기 때문에 배추김치보다 무김치를 더 즐겨 담갔는데, ^❻무청에는 각종 비타민이 풍부하게 ^❼함유되어 있어 겨울철에 부족해지기 쉬운 영양소를 보충하기 좋습니다.

　마지막으로 겨울에도 비교적 날씨가 따뜻한 남부 지방에서는 김치가 빨리 쉬는 것을 막기 위하여 김치에 소금과 각종 양념을 많이 넣는 편입니다. 그래서 김치가 맵고 짠 강렬한 맛이 납니다. 고춧가루를 많이 넣어 매콤하게 만든 전라도의 갓김치, 멸치젓을 많이 넣어 만든 경상도의 우엉김치 등이 대표적입니다.

----

❶ **좌지우지**: 이리저리 제 마음대로 휘두르거나 다룸.
❷ **쉬다**: 음식 따위가 상하여 맛이 시금하게 변하다.
❸ **넉넉하다**: 크기나 수량 따위가 기준에 차고도 남음이 있다.
❹ **식해**: 생선에 약간의 소금과 밥을 섞어 발효시켜 잘 익힌 식품.
❺ **걸맞다**: 두 편을 견주어 볼 때 서로 어울릴 만큼 비슷하다.
❻ **무청**: 무의 잎과 줄기.
❼ **함유**: 물질이 어떤 성분을 포함하고 있음.

1 이 글의 중심 낱말을 골라 ○표 하세요.

고장   김치   무청   소금   양념   젓갈

2 이 글의 중심 내용으로 알맞은 것은 어느 것인가요?   (   )

① 김치에 넣는 재료의 양
② 고장마다 다른 김치의 특징
③ 김치를 처음 담그게 된 유래
④ 김치에 들어 있는 다양한 영양소
⑤ 지방마다 김장하는 시기가 다른 까닭

3 이 글의 내용과 맞지 <u>않는</u> 것은 어느 것인가요?   (   )

① 김치는 대표적인 발효 식품이다.
② 김치에 넣는 양념과 젓갈, 소금의 양은 고장마다 다르다.
③ 북부 지방, 중부 지방, 남부 지방의 김치는 맛이 서로 비슷하다.
④ 남부 지방의 경상도에서는 멸치젓을 많이 넣은 우엉김치를 담근다.
⑤ 북부 지방의 동해안 지역에서는 젓갈 대신 생선을 썰어 넣기도 한다.

4 북부 지방 김치의 특징으로 알맞은 것을 보기 에서 모두 골라 기호를 쓰세요.

> 보기
> ㉠ 맵고 짠 강렬한 맛이 난다.
> ㉡ 싱겁거나 짜지 않은 젓갈을 쓴다.
> ㉢ 채소의 맛과 향을 그대로 살려 담근다.
> ㉣ 김치의 국물이 넉넉해 싱겁고 시원한 맛이 난다.

(   )

5 중부 지방의 대표적인 김치로 알맞은 것을 모두 골라 ○표 하세요.

▲ 갓김치
(　　　　　　　　)

▲ 무청김치
(　　　　　　　　)

▲ 백김치
(　　　　　　　　)

▲ 섞박지
(　　　　　　　　)

6 남부 지방에서 김치에 소금과 각종 양념을 많이 넣는 이유는 무엇인가요?　(　　　　　)

① 겨울이 길고 춥기 때문에

② 양념이 풍부해야 건강에 좋기 때문에

③ 김치를 성겁게 만들면 맛이 없기 때문에

④ 바다가 가까워서 소금을 쉽게 구할 수 있기 때문에

⑤ 날씨가 따뜻한 지역이어서 김치가 빨리 쉬기 때문에

7 이 글의 내용을 바르게 이해한 사람의 이름을 쓰세요.

> • 연철: 김치는 담그는 사람의 나이에 따라 맛이 달라.
> • 정식: 기온의 차이에 따라 고장마다 특색 있는 김치가 만들어졌어.
> • 소영: 김치에는 영양소가 풍부하니까 겨울철에 먹는 것이 가장 좋아.
> • 하나: 우리나라를 대표하는 김치는 고춧가루를 넣은 빨간 배추김치뿐이야.

(　　　　　　　　　　　)

빨간 김치의 탄생

'김치' 하면 사람들은 대부분 빨간 김치를 떠올립니다. 그런데 원래의 김치는 '소금에 절인 채소'의 모습으로, 우리가 흔히 생각하는 빨간 김치가 아니었습니다. 오늘날의 김치와 비슷한 빨간 김치는 조선 시대에 일본을 통해 우리나라에 고추가 들어오면서 탄생하게 된 것입니다.

1 다음 낱말의 뜻으로 알맞은 것을 선으로 이어 보세요.

(1) 쉬다 •

(2) 걸맞다 •

(3) 넉넉하다 •

• ㉠ 음식 따위가 상하여 맛이 시금하게 변하다.

• ㉡ 크기나 수량 따위가 기준에 차고도 남음이 있다.

• ㉢ 두 편을 견주어 볼 때 서로 어울릴 만큼 비슷하다.

2 다음 낱말의 뜻을 보고, 문장에 들어갈 알맞은 말을 골라 ○표 하세요.

(1)

| 담다 | 어떤 물건을 그릇 따위에 넣다. |
| 담그다 | 음식을 삭히거나 익히려고 재료들을 뒤섞어 만들다. |

{ 쌀통에 쌀을 (담다 / 담그다).
{ 배추로 김치를 (담다 / 담그다).

(2)

| 저리다 | 피가 잘 통하지 못하여 감각이 둔하고 아리다. |
| 절이다 | 생선 따위를 소금기나 식초, 설탕 따위에 담가 간이 배어들게 하다. |

{ 생선을 소금에 (저리다 / 절이다).
{ 쭈그리고 앉아 있었더니 다리가 (저리다 / 절이다).

3 다음의 뜻을 가진 낱말을 보기 에서 찾아 쓰세요.

| 보기 | 좌우지간 | 좌지우지 | 좌충우돌 |

(1) _____ 그 집의 김치 맛은 일품이다.
  └ 이렇든 저렇든 어떻든 간.

(2) 동생이 하는 일을 네 마음대로 _____ 하지 말렴.
  └ 이리저리 제 마음대로 휘두르거나 다룸.

(3) 그는 _____ 하는 성격 때문에 문제를 일으키기도 한다.
  └ 이리저리 마구 찌르고 부딪침.

기후에 따라 독특한 집이 있어요

 **매체 독해** 다음 우리나라 여러 지역의 강수량 그래프를 보고, 물음에 답해 봅시다.

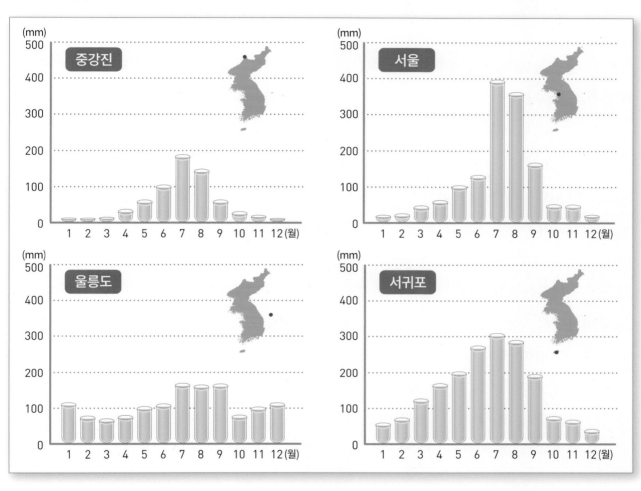

1 그래프를 보고 문장에 들어갈 알맞은 낱말을 골라 ○표 하세요.

(1) 계절에 따라 강수량이 (같다 / 다르다).

(2) 지역에 따라 강수량의 차이가 (있다 / 없다).

(3) 대부분의 지역에서 (봄 / 여름 / 가을 / 겨울)에 강수량이 많다.

(4) 여름과 겨울의 강수량 차이가 가장 큰 지역은 (서울 / 서귀포)이다.

2 1월 강수량이 가장 많은 지역을 그래프에서 찾아 쓰세요.

(   )

강수는 우리 생활과 매우 **❶밀접**한 관계가 있습니다. 강수 특성이 우리가 사는 집의 모양이나 구조 등 주생활에 영향을 주기 때문입니다. 그렇다면 우리나라의 강수 특성은 어떠할까요? 우리나라는 비가 많이 오는 편입니다. **❷연평균** 강수량이 1,300 mm 정도로 세계 평균인 880 mm 에 비하여 많습니다. 또, 우리나라는 지역에 따라 강수량의 차이가 큽니다. 대체로 남부 지방은 강수량이 많고 북부 지방은 강수량이 적습니다. 계절에 따른 강수량의 차이도 커서 연평균 강수량의 절반 이상이 여름에 집중됩니다. 여름에 강수량이 집중되는 까닭은 장마와 태풍의 영향을 받아 **❸일시적**으로 비가 많이 내리기 때문입니다. 제주도와 **❹영동 지방**, 울릉도 등의 지역은 비나 눈이 많이 내려서 겨울에도 강수량이 많은 편입니다.

우리나라의 비나 눈이 많이 내리는 고장에서는 이러한 강수 특성에 영향을 받아 독특한 주생활 모습이 나타납니다. 대표적인 예로 터돋움집과 우데기를 들 수 있습니다. 여름철에 비가 많이 내리는 지역에서는 터돋움집을 지었습니다. 터돋움집은 홍수로 집이 물에 잠기는 것을 **❺대비**하기 위하여 집터를 주변보다 높여서 지은 집입니다. 겨울에 눈이 많이 내리는 울릉도에서는 전통 가옥에 우데기라는 외벽을 설치하였습니다. 우데기는 집에 눈이 들어오는 것을 막으려고 지붕의 끝에서부터 땅까지 내린 벽을 가리키는데, 이 우데기가 복도 같은 역할을 하여 눈이 많이 와도 사람들이 집 안을 자유롭게 돌아다닐 수 있게 하였습니다.

세계 여러 고장에서도 강수 특성에 영향을 받은 다양한 주생활 모습이 나타납니다. 비가 많이 내리는 브라질의 아마존에서는 나뭇잎으로 만든 지붕을 얹은 말로까라는 집을 지었습니다. 말로까의 지붕은 **❻방수** 효과가 탁월한 나뭇잎을 나뭇가지와 촘촘히 엮어 만들었기 때문에 빗물이 집 안으로 들어오는 것을 막아 주었습니다. 일본의 눈이 많이 내리는 고장에서는 지붕을 삼각형 형태로 만든 갓쇼 가옥이 발달하였습니다. 갓쇼 가옥의 지붕은 **❼경사**가 매우 급하여 눈이 쉽게 떨어지기 때문에 눈이 쌓여 지붕이 무너지는 것을 막을 수 있습니다. 이처럼 우리나라와 세계 여러 고장 사람들은 각 고장의 강수 특성에 따라 다양한 집을 짓고 삽니다.

---

❶ **밀접**: 아주 가깝게 맞닿아 있음. 또는 그런 관계에 있음.
❷ **연평균**: 1년을 단위로 하여 내는 평균.
❸ **일시적**: 짧은 한때의 것.
❹ **영동 지방**: 강원도 태백산맥의 동쪽에 있는 지역. 속초, 강릉, 동해 등의 지역을 이름.
❺ **대비**: 앞으로 일어날지도 모르는 어떠한 일에 대응하기 위하여 미리 준비함.
❻ **방수**: 스며들거나 새거나 넘쳐흐르는 물을 막음.
❼ **경사**: 비스듬히 기울어짐. 또는 그런 상태나 정도.

1 이 글의 중심 내용으로 알맞은 것은 어느 것인가요? ( )

① 우리나라의 강수 특성

② 세계 여러 고장의 다양한 집의 모양

③ 우리나라를 대표하는 집의 종류와 예

④ 강수의 영향을 받아 생겨난 다양한 집의 형태

⑤ 사람들이 고장의 인문 환경에 적응하며 사는 방법

2 우리나라의 강수 특성으로 옳은 것에는 ○표, 옳지 <u>않은</u> 것에는 ×표 하세요.

(1) 우리나라는 지역에 따른 강수량의 차이가 크지 않다. ( )

(2) 우리나라의 연평균 강수량은 세계 평균에 비하여 적은 편이다. ( )

(3) 우리나라는 장마와 태풍의 영향으로 여름에 강수량이 집중된다. ( )

(4) 제주도와 영동 지방, 울릉도 등의 지역은 겨울 강수량이 많은 편이다. ( )

3 터돋움집을 지은 까닭으로 알맞은 것은 어느 것인가요? ( )

① 집 짓는 데 드는 비용을 줄이려고

② 동네의 이웃들과 서로 가깝게 모여 살려고

③ 여름철 홍수로 집이 물에 잠기는 것을 막으려고

④ 낯선 사람들이 집에 함부로 침입하지 못하게 하려고

⑤ 높은 곳에 집을 지어 그곳에 사는 사람의 신분이 높다는 것을 보여 주려고

4 다음 빈칸에 알맞은 낱말을 넣어 울릉도에 대한 내용을 표로 정리하세요.

고장 이름	울릉도
강수 특성	겨울에 ( )이/가 많이 내림.
주생활 모습	집에 ( )(이)라는 외벽을 설치해 눈이 많이 와도 사람들이 집 안을 자유롭게 돌아다닐 수 있게 하였음.

5 다음에서 설명하는 가옥의 이름을 이 글에서 찾아 쓰세요.

> 비가 많이 내리는 브라질의 아마존에서 볼 수 있는 가옥으로, 나뭇잎을 나뭇가지와 촘촘히 엮어 만든 지붕을 얹어 빗물이 집 안으로 들어오는 것을 막았다.

(   )

6 일본 갓쇼 가옥의 지붕이 경사가 급한 까닭으로 알맞은 것은 어느 것인가요? (   )

① 강한 햇볕을 피하려고   ② 바람이 잘 통하게 하려고

③ 지붕이 빨리 마르게 하려고   ④ 눈이 지붕에서 쉽게 떨어지게 하려고

⑤ 집 안으로 빗물이 떨어지지 않게 하려고

7 강수 특성에 영향을 받은 집의 모양으로 알맞지 <u>않은</u> 것은 어느 것인가요? (   )

①
▲ 갓쇼 가옥

②
▲ 말로까

③
▲ 터돋움집

④
▲ 우데기집

⑤
▲ 동굴집

배경 +지식 넓히기

바람이 제주도 가옥에 미치는 영향

제주도는 바람이 강하게 부는 지역입니다. 제주도의 전통 가옥은 바람의 영향을 덜 받기 위해서 지붕의 경사를 완만하게 하고, 그 위에 그물망처럼 줄을 엮어 지붕을 단단하게 하여 지어졌습니다. 또, 집의 입구에 돌담으로 쌓은 곡선 형태의 올레를 두어 집 안으로 들어오는 바람을 누그러뜨렸습니다.

1 다음의 뜻을 가진 낱말을 보기 에서 찾아 쓰세요.

> 보기   경사   연평균   일시적

(1) 짧은 한때의 것.   (   )
(2) 1년을 단위로 하여 내는 평균.   (   )
(3) 비스듬히 기울어짐. 또는 그런 상태나 정도.   (   )

2 다음 밑줄 친 말과 반대의 뜻을 가진 낱말을 보기 에서 찾아 쓰세요.

> 보기   작다   적다   다르다   틀리다

(1) 우리 동네에는 아파트가 정말 많다. ↔ [   ]

(2) 다음 주에 소풍을 간다는 지민이의 말이 맞다. ↔ [   ]

(3) 놀랍게도 지민이와 나는 이름도 같고, 생일도 같다. ↔ [   ]

(4) 마을 입구에 있는 느티나무는 키가 엄청나게 크다. ↔ [   ]

3 다음 문장에서 '내리다'가 어떤 뜻으로 사용되었는지 번호를 쓰세요.

> 내리다
> ① 눈, 비, 서리, 이슬 따위가 오다.
> ② 탈것에서 밖이나 땅으로 옮아가다.
> ③ 판단, 결정을 하거나 결말을 짓다.

(1) 그는 스스로 이 문제에 대한 해답을 내렸다.   (   )
(2) 이 지역에서는 비가 갑자기 내리는 일이 많다.   (   )
(3) 버스에서 내린 사람들은 곧장 지하철역으로 걸어갔다.   (   )

4장 세계 여러 나라의 다양한 생활 모습

 매체 독해 다음 안내문을 보고, 물음에 답해 봅시다.

가격은 낮추고, 혜택은 올리고

사하라에 가다

지평선 끝까지 펼쳐진 모래 언덕, 불빛도 우거진 숲도 없지만 신비로운 그곳, 사하라 사막으로 여러분을 초대합니다.

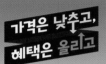 여행 일정

1일차

낙타 타고 모래사막을 걷다
낙타에 몸을 싣고 세계에서 가장 넓은 사하라 사막을 거닐어요.

2일차

지붕이 평평한 흙집에서의 하루
사막 지역의 전통 가옥인 흙집에서 색다른 체험을 해 보아요.

3일차

사하라에서 만나는 별나라
사막 한가운데에서 붉은 노을과 별이 쏟아지는 밤하늘을 만나요.

옷차림과 여행 정보

✓ 사하라 사막의 낮 기온은 최대 50℃까지 오를 수 있고, 밤에는 0℃까지 떨어질 수 있습니다. 또 모래바람이 자주 불어오므로 긴소매 옷을 꼭 준비해 주세요.

✓ 뜨거운 햇볕과 모래바람을 막기 위한 스카프나 넓은 모자, 마실 물 등을 준비해 주세요.

1 위 안내문의 목적으로 알맞은 것은 어느 것인가요?　　　　　　　　(　　　)

① 사하라 사막의 특징을 설명하려고

② 사하라 사막의 위치를 안내하려고

③ 사하라 사막이 생겨난 원인을 알려 주려고

④ 사하라 사막에서 겪었던 경험을 소개하려고

⑤ 사하라 사막의 여행 관광 상품을 홍보하려고

2 사하라 사막의 특징으로 알맞지 <u>않은</u> 것은 어느 것인가요?　　　　(　　　)

① 지붕이 평평한 흙집을 볼 수 있다.　　② 낮과 밤의 기온 차이가 크지 않다.

③ 낙타를 이용해 모래사막을 이동한다.　④ 햇볕이 뜨겁고 모래바람이 자주 분다.

⑤ 별이 쏟아지는 듯한 밤하늘을 만날 수 있다.

(가) 세계 여러 나라 사람들의 생활 모습은 매우 다양합니다. 나라마다 옷의 모양이나 사용하는 옷감도 다르고, 음식의 재료나 조리법도 다릅니다. 또한, 나라마다 집을 짓는 재료나 집의 모양도 다르게 나타납니다. 이렇게 ㉠ 사람들의 생활 모습이 다르게 나타나는 까닭은 무엇일까요? 각 나라의 지형, 기후 등 자연환경과 ❶풍습, 종교 등 인문 환경이 그곳에 사는 사람들의 생활에 영향을 미치기 때문입니다.

(나) 몽골의 ❷유목민들은 '게르'라는 이동식 집을 짓고 삽니다. 몽골은 국토의 대부분이 ❸고원 지대인 데다가 겨울이 길고 비가 적게 내려서 농사짓기가 어렵습니다. 그래서 가축의 먹이가 되는 짧은 풀이 자라는 초원에서 가축을 키우며 유목 생활을 합니다. 게르는 조립과 분해를 쉽고 빠르게 할 수 있어 가축과 함께 자주 이동해야 하는 유목 생활에 유리합니다.

(다) 멕시코의 '타코'에 대해 들어 본 적이 있나요? 타코는 옥수숫가루를 반죽해 얇고 둥글납작하게 구워 만든 토르티야라는 빵에 야채나 고기를 넣어 만든 음식입니다. 멕시코는 마야 제국 등 고대 ❹문명이 발달했던 곳으로, 마야 사람들은 신들이 옥수숫가루를 빚어서 인간을 만들었다고 믿을 정도로 옥수수를 중요하게 여겼습니다. 이러한 풍습의 영향을 받아 요즘에도 멕시코 사람들은 옥수수로 만든 타코를 즐겨 먹습니다.

(라) 사람들의 의생활 모습은 주로 그 나라의 기후의 영향을 받지만, 이와 다르게 인도 여성들의 전통 복장인 '사리'는 종교의 영향을 받았습니다. 사리는 ❺힌두교에서 옷감을 자르거나 바느질하는 것을 ❻불경스럽게 여겼기 때문에 한 장의 긴 천으로 만듭니다. 천의 한쪽은 어깨에 걸쳐 밑으로 늘어뜨려 입고 나머지 한쪽은 허리를 감아 매는데 두르는 방법에 따라 입는 법이 다양하며, 오늘날에도 결혼식 등의 중요한 행사가 있을 때 입기도 합니다. 지금까지 설명한 여러 가지 예에서 알 수 있듯이, 세계 여러 나라의 생활 모습은 자연환경과 인문 환경의 영향을 받아 다양하게 나타납니다.

---

❶ **풍습**: 풍속과 습관을 아울러 이르는 말.
❷ **유목민**: 물과 풀을 찾아 옮겨 다니면서 가축을 기르며 사는 사람들.
❸ **고원**: 높은 데에 있는 넓은 벌판.
❹ **문명**: 사람의 사회적·기술적·정신적 생활이 발전한 상태.
❺ **힌두교**: 고대 인도에서 발생한 전통적인 민족 종교.
❻ **불경스럽다**: 예의를 지켜야 할 자리에서 좀 무례한 데가 있다.

1 ㉠에 영향을 미친 것을 이 글에서 찾아 빈칸에 쓰세요.

> 지형, 기후 등 (   )과/와 풍습, 종교 등 (   )

2 이 글에서 알 수 있는 내용으로 알맞은 것을 보기 에서 골라 기호를 쓰세요.

> 보기
> ㉠ 세계에는 여러 나라가 있지만 의식주 생활 모습은 똑같다.
> ㉡ 환경의 영향을 받은 생활 모습은 오늘날에는 찾아보기 힘들다.
> ㉢ 지형과 기후가 사람들의 생활 모습에 미치는 영향은 별로 없다.
> ㉣ 오래전부터 믿어 온 종교에 따라서 생활 모습이 달라지기도 한다.

(   )

3 (나)의 '게르'에 대한 설명으로 알맞은 것은 어느 것인가요?   (   )

① 바람이 잘 통하고 시원하다.
② 물 위에도 편리하게 세울 수 있다.
③ 조립과 분해를 쉽고 빠르게 할 수 있다.
④ 통나무로 지어서 강한 바람에도 무너지지 않는다.
⑤ 비가 많이 내릴 때 물에 잠기는 피해를 막을 수 있다.

4 멕시코 사람들이 타코를 즐겨 먹는 까닭으로 알맞은 것은 어느 것인가요?   (   )

① 고기를 먹지 않는 종교적 관습 때문에
② 비가 적게 내려서 쌀농사를 짓기 어렵기 때문에
③ 멕시코 사람들이 좋아하는 매콤한 맛을 내기 때문에
④ 마야 사람들이 옥수수를 중요하게 여겼던 풍습 때문에
⑤ 빵에 야채나 고기를 넣어 쌈을 싸 먹는 음식이 발달했기 때문에

5 (나)~(라)를 내용상 의식주 생활에 따라 바르게 나눈 것은 어느 것인가요?　(　　　　)

	의생활	식생활	주생활
①	(나)	(다)	(라)
②	(나)	(라)	(다)
③	(다)	(나)	(라)
④	(라)	(나)	(다)
⑤	(라)	(다)	(나)

6 (다), (라)에 나타난 생활 모습의 공통점을 바르게 말한 사람의 이름을 쓰세요.

> • 누리: 자연환경의 영향을 받은 생활 모습이야.
> • 준호: 인문 환경의 영향을 받은 생활 모습이야.
> • 한솔: 불교문화가 발달한 나라의 생활 모습이야.
> • 진영: 옥수수를 주식으로 하는 나라의 생활 모습이야.

(　　　　　　　　　　)

7 (라)의 '사리'에 대한 설명으로 알맞지 <u>않은</u> 것은 어느 것인가요?　(　　　　)

① 한 장의 긴 천으로 만든다.
② 인도 남성들의 전통 복장이다.
③ 힌두교의 영향을 받아 만들어진 옷이다.
④ 몸에 두르는 방법에 따라 다양하게 입을 수 있다.
⑤ 오늘날에도 결혼식 등의 중요한 행사가 있을 때 입기도 한다.

종교에 따른 금기 음식

세계에는 자신이 믿는 종교에 따라 특정 음식을 먹지 않는 사람들이 있습니다. 이슬람교를 믿는 사람들은 돼지를 부정한 동물로 생각하여 돼지고기로 만든 음식을 먹지 않습니다. 또한, 힌두교를 믿는 사람들은 소를 신성하게 여기기 때문에 소를 죽이거나 먹지 않습니다.

1 다음 낱말의 뜻으로 알맞은 것을 선으로 이어 보세요.

(1) 고원 •　　　　• ㉠ 높은 데에 있는 넓은 벌판.

(2) 문명 •　　　　• ㉡ 풍속과 습관을 아울러 이르는 말.

(3) 풍습 •　　　　• ㉢ 사람의 사회적·기술적·정신적 생활이 발전한 상태.

(4) 유목민 •　　　　• ㉣ 물과 풀을 찾아 옮겨 다니면서 가축을 기르며 사는 사람들.

2 다음 빈칸에 들어갈 말의 뜻을 보고, 알맞은 낱말을 보기 에서 찾아 쓰세요.

보기　　　　늘어뜨리다　　　　바느질하다　　　　불경스럽다

(1) 한 땀 한 땀 정성 들여 ＿＿＿＿＿＿＿.
　　　　　└ 바늘에 실을 꿰어 옷 따위를 짓거나 꿰매다.

(2) 나무 위에서 땅으로 밧줄을 ＿＿＿＿＿＿＿.
　　　　　└ 사물의 한쪽 끝을 아래로 처지게 하다.

(3) 상대를 얕보고 있는 듯, 그의 말투가 ＿＿＿＿＿＿＿.
　　　　　└ 예의를 지켜야 할 자리에서 좀 무례한 데가 있다.

3 다음 문장에서 '두르다'가 어떤 뜻으로 사용되었는지 번호를 쓰세요.

두르다 —
① 띠나 수건, 치마 따위를 몸에 휘감다.
② 둘레에 선을 치거나 벽 따위를 쌓다.
③ 손이나 팔로 감싸다.

(1) 집을 짓고 그 둘레에 담을 두르다. 　　　　　　　(　　　)

(2) 우리는 서로의 어깨에 팔을 두르고 걸어갔다. 　　(　　　)

(3) 시합을 시작하기 전에 머리에 파란색 띠를 두르다. (　　　)

신나는 퍼즐 퍼즐

낱말판의 가로, 세로, 대각선에 숨어 있는 낱말을 찾으며,
주제4에서 공부한 용어의 뜻을 다시 한번 떠올려 봐요.

강	수	인	문	환	경	모	고	타
보	욕	누	종	삼	터	시	장	코
수	구	풍	비	베	돋	비	수	날
노	활	습	후	옷	움	우	데	기
동	주	게	손	알	집	인	절	약
도	르	시	장	채	람	도	구	정
롱	특	대	화	용	의	식	주	과
이	별	발	효	식	품	회	장	마

힌트

❶ 사람이 살아가는 데 기본적으로 필요한 옷과 음식과 집을 통틀어 이르는 말.

❷ 풍습, 종교 등 인간 활동의 결과로 만들어진 환경. 예 자연환경과 □□ □□

❸ 옛날 사람들이 추위를 이겨 내기 위해 만들어 입던 솜을 넣어 누빈 두꺼운 옷.

❹ 옛날 사람들이 풀이나 볏짚 등으로 만들어 입던 비옷.

❺ 젖산균이나 효모 등 미생물의 발효 작용을 이용하여 만든 식품. 예 김치는 대표적인 □□ □□이다.

❻ 홍수로 집이 물에 잠기는 것을 막으려고 집터를 주변보다 높여서 지은 집.

❼ 주로 울릉도 전통 가옥에서 볼 수 있는 지붕의 끝에서부터 땅까지 내린 벽.

❽ 몽골의 유목민들이 사는 이동식 집.

❾ 옥수숫가루 반죽을 살짝 구워 만든 토르티야라는 빵에 야채나 고기를 넣어 먹는 멕시코의 음식.

❿ 남부 아시아의 나라로, 여성들이 '사리'라고 하는 전통 복장을 입음.

주제

5

도구의 변화, 달라진 생활 모습

이번 주에 공부할 내용에 대한
주간 학습 계획을 세워 보세요.

	공부할 내용	교과 연계	공부한 날	스스로 평가
1장	도구가 변화하였어요	사회 3-2 [2단원]	월 일	😢 😋 😚
2장	밑바닥이 뾰족한 그릇을 어떻게 사용하였을까요	사회 3-2 [2단원]	월 일	😢 😋 😚
3장	돌에서 기계까지, 농사 도구의 변화	사회 3-2 [2단원]	월 일	😢 😋 😚
4장	실과 옷감을 만드는 도구의 변화	사회 3-2 [2단원]	월 일	😢 😋 😚

매체 독해 다음 학습지를 보고, 물음에 답해 봅시다.

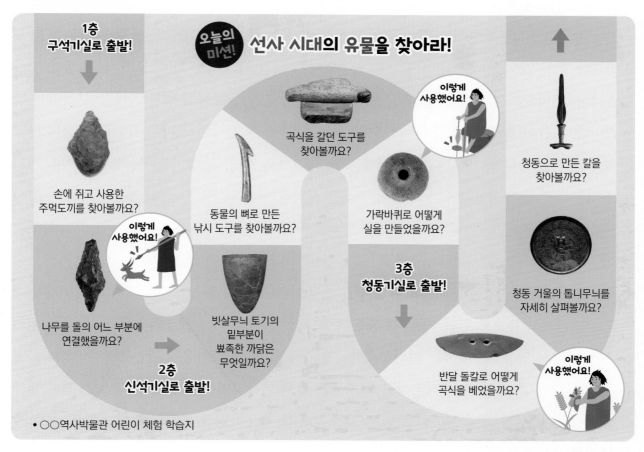

• ○○역사박물관 어린이 체험 학습지

(출처: 국립중앙박물관)

1 밑부분이 뾰족하고, 표면에 빗살 무늬가 새겨진 그릇을 보기 위해 가야 할 전시실은 몇 층 인지 쓰세요. ( )

2 선사 시대의 유물과 알맞은 설명을 선으로 이어 보세요.

(1) 가락바퀴 • • ㉠ 손에 쥐고 사용한 도끼 모양의 도구.

(2) 주먹도끼 • • ㉡ 실을 만드는 데 사용한 중앙에 구멍이 뚫려 있는 도구.

(3) 반달 돌칼 • • ㉢ 익은 곡식을 베어 거두는 데 사용한 반달 모양의 도구.

　사람들은 생활에 필요한 여러 가지 생활 도구를 만들어 사용합니다. 아주 오래전부터 우리 조상들도 여러 도구를 만들어 사용하였습니다. 도구를 사용하면서 사람들은 맨몸으로 일할 때보다 힘을 덜 들이면서도 더 큰 효과를 볼 수 있게 되었습니다. 또한 예전보다 더 많은 일을 쉽고 빨리 처리할 수 있게 되었으며, 생활은 더욱 편리해지고 여유로워졌습니다.

　먼 옛날, 사람들은 자연에서 얻은 돌과 나무 등을 사용해 생활 도구를 만들었습니다. 돌을 깨뜨리거나 돌의 일부를 떼어 내어 도구를 만들었던 구석기 시대에는 ❶주먹도끼, 긁개 등을 사용했습니다. 주먹도끼는 사냥을 할 때 주로 사용했으며, 긁개는 동물의 털과 가죽을 분리하는 데 썼습니다. 시간이 흘러 돌을 갈아서 도구를 만들게 된 신석기 시대가 되자 사람들은 좀더 다양한 도구를 만들어 사용하였습니다. 농사를 짓게 되면서 돌괭이, ❷돌보습, 돌낫과 같은 여러 가지 농사 도구를 만들어 사용했으며, 수확한 곡식을 저장하거나 음식을 만들 때 빗살무늬 토기를 사용하였습니다. 또한 ❸가락바퀴로 실을 뽑고, 뼈로 만든 바늘을 사용하여 옷을 만들기도 하였습니다.

　청동기 시대에는 ❹청동을 사용하여 도구를 만들었습니다. 그러나 청동은 귀하고 다루기가 어려웠기 때문에 청동으로 만든 거울, 검 등은 주로 제사 도구나 지배 계층의 ❺장신구로 사용되었습니다. 따라서 일상생활에서는 여전히 ❻반달 돌칼과 같이 돌을 사용해 만든 도구가 많이 쓰였습니다. 시간이 흘러 청동보다 더 강하고 튼튼한 철을 이용하여 생활 도구를 만드는 철기 시대가 되었습니다. 철기 시대에는 철로 만든 농사 도구를 사용하면서 농업이 발달하였고, 철로 만든 무기를 생산하게 되면서 지배 계층 간에 전쟁이 활발하게 일어나기도 했습니다.

　이처럼 생활 도구는 단순한 물건이 아니라 [　　㉠　　]을/를 담고 있는 의미 있는 대상입니다. 우리는 옛날부터 사용했던 생활 도구를 통해 조상들의 생활 모습을 알 수 있고, 생활 도구의 변화를 통해 사회가 변화하는 모습도 알 수 있습니다.

----

❶ **주먹도끼**: 한쪽은 주먹에 쥘 수 있고 다른 쪽은 날카로운 도끼 모양의 도구.
❷ **돌보습**: 쟁기 등에 끼우는 넓적한 삽 모양의 돌로 만든 도구.
❸ **가락바퀴**: 중앙에 둥근 구멍이 뚫려 있는 실을 뽑는 도구.
❹ **청동**: 구리에 주석이나 아연을 섞어 물에 녹여 만든 금속.
❺ **장신구**: 몸치장을 하는 데 쓰는 물건. 귀고리, 노리개, 목걸이 따위를 통틀어 이르는 말.
❻ **반달 돌칼**: 청동기 시대에 이삭을 따는 데 쓰던 반달 모양의 도구.

1 이 글의 중심 내용으로 알맞은 것은 어느 것인가요? ( )

① 다양한 생활 도구의 쓰임

② 도구를 사용할 수 있는 동물들

③ 생활 도구를 만들어 쓰게 된 까닭

④ 시대 변화에 따른 생활 도구의 변화 모습

⑤ 인류가 끊임없이 발명품을 만들어 온 까닭

2 이 글의 짜임을 바르게 설명한 것은 어느 것인가요? ( )

① 시대의 흐름에 따른 변화를 설명하였다.

② 공간의 변화에 따른 차이를 설명하였다.

③ 몇 가지 주제의 공통점을 찾아 설명하였다.

④ 대상을 종류별로 나누어 특징을 설명하였다.

⑤ 어떤 주제에 대한 주장과 근거를 제시하였다.

3 생활 도구를 사용해 얻을 수 있는 효과로 알맞지 <u>않은</u> 것은 어느 것인가요? ( )

① 생활이 더욱 편리해진다.

② 일을 더 쉽게 처리할 수 있다.

③ 생활이 바빠지고 여유가 없어진다.

④ 많은 일을 빠른 속도로 해낼 수 있다.

⑤ 맨몸으로 일하는 것보다 힘을 덜 들일 수 있다.

4 다음 도구를 먼저 만들어진 순서에 따라 번호를 쓰세요.

| 돌을 갈아 만든 도구 | 철로 만든 도구 | 돌을 깨뜨려 만든 도구 | 청동으로 만든 도구 |

(출처: 국립중앙박물관)

( ) ( ) ( ) ( )

5 구석기와 신석기 시대의 생활 도구에 대한 설명으로 알맞은 것은 무엇인가요? (정답 2개)
(   )

① 자연에서 얻은 돌, 나무 등을 이용해 도구를 만들었다.
② 구석기 시대에는 철로 무기를 만들어 사냥에 이용하였다.
③ 구석기 시대에는 실을 뽑아 옷감을 만드는 도구가 있었다.
④ 주먹도끼는 신석기 시대를 대표하는 중요한 생활 도구이다.
⑤ 신석기 시대에는 돌괭이, 돌보습 등의 농사 도구를 이용하였다.

6 청동기 시대의 생활 도구에 대한 설명으로 옳은 것에는 ○표, 옳지 <u>않은</u> 것에는 ×표 하세요.

(1) 여전히 돌로 만든 생활 도구가 많이 쓰였다. (   )
(2) 반달 돌칼은 제사 도구나 지배 계층의 장신구로 쓰였다. (   )
(3) 청동으로 만든 도구는 다루기가 쉬워 생활 도구로 쓰기에 좋았다. (   )

7 ㉠에 들어갈 알맞은 말은 어느 것인가요? (   )

① 그것을 만든 사람의 이름
② 그것을 사용한 집단의 종교
③ 그것을 사용한 시대의 기후 변화
④ 그것을 사용하는 사람들의 생활 모습
⑤ 그것을 갖기 위해 일으킨 전쟁의 결과

농사의 시작

약 1만 년 전, 날씨가 따뜻해지면서 물이 불어나 물고기와 조개를 구하기 쉬운 자연환경이 만들어졌습니다. 시간이 흐른 뒤, 사람들은 땅에 씨를 뿌리고 키우면 곡식을 얻을 수 있다는 사실을 알게 되었습니다. 그래서 신석기 시대 사람들은 한곳에 정착해 조, 콩, 수수 등을 재배하는 농사를 짓기 시작하였습니다.

1 다음의 뜻을 가진 낱말을 보기 에서 찾아 쓰세요.

> 보기   돌보습   가락바퀴   주먹도끼   반달 돌칼

(1) 중앙에 둥근 구멍이 뚫려 있는 실을 뽑는 도구.   (   )

(2) 쟁기 등에 끼우는 넓적한 삽 모양의 돌로 만든 도구.   (   )

(3) 청동기 시대에 이삭을 따는 데 쓰던 반달 모양의 도구.   (   )

(4) 한쪽은 주먹에 쥘 수 있고 다른 쪽은 날카로운 도끼 모양의 도구.   (   )

2 보기 를 읽고, 다음 낱말의 뜻으로 알맞은 것을 선으로 이어 보세요.

> 보기   맨-   '다른 것이 없는'의 뜻을 더해 주는 말.

(1) 맨땅   •   • ㉠ 아무것도 신지 않은 발.

(2) 맨몸   •   • ㉡ 아무것도 입지 않은 몸.

(3) 맨발   •   • ㉢ 아무것도 깔지 아니한 땅바닥.

(4) 맨주먹   •   • ㉣ 아무것도 가지지 아니한 빈주먹.

3 다음 문장에서 '베다'가 어떤 뜻으로 사용되었는지 번호를 쓰세요.

> 베다 ── ① 누울 때, 베개 따위를 머리 아래에 받치다.
>
> └── ② 날이 있는 연장 따위로 무엇을 끊거나 자르거나 가르다.

(1) 낫으로 벼를 베었다.   (   )

(2) 썩은 나무를 베어 버리자.   (   )

(3) 엄마의 무릎을 베고 잠이 들었다.   (   )

(4) 베개를 베고 누우니 하루의 피로가 사라진다.   (   )

밑바닥이 뾰족한 그릇을 어떻게 사용하였을까요

정답 확인
하루한장 앱에서 학습 인증하고 하루템을 모으세요!

 **매체 독해** 다음 속담 카드를 보고, 물음에 답해 봅시다.

(가)

가마솥이 검기로 밥도 검을까

가마솥의 겉이 검다고 해서 가마솥 안의 밥까지 검겠느냐는 뜻으로, 겉모습이 좋지 않다고 하여 속도 좋지 않을 것이라고 쉽게 판단하지 말라는 뜻이에요.

*가마솥: 쇠로 만든 아주 큰 솥으로, 밥을 짓는 데 이용함.

(나)

밑 빠진 독에 물 붓기

아랫부분이 깨진 독(항아리)에는 아무리 열심히 물을 부어도 절대 채워지지 않죠. 이처럼 아무리 노력해도 보람 없이 헛된 일을 뜻하는 속담이에요.

*독: 간장이나 김치 등을 담가 두는 데 쓰는 큰 항아리.

(다)

등잔 밑이 어둡다

등잔은 등불을 켜 사방을 밝게 비춰 주지만, 등잔 아래는 빛이 비치지 않아 어두워요. 가까이 있는 일을 먼 데 있는 일보다 오히려 잘 모른다는 뜻이에요.

*등잔: 기름을 담아 등불을 켜는 데에 쓰는 그릇.

(라)

뚝배기보다 장맛

뚝배기는 겉모양이 투박하고 볼품이 없어요. 하지만 음식의 맛은 뚝배기에 담긴 된장이나 고추장 같은 장의 맛이 결정하죠. 이처럼 눈에 보이는 겉모습보다 속이 더 중요하다는 뜻이에요.

*뚝배기: 찌개를 끓일 때 쓰는, 흙으로 빚어 만든 투박하게 생긴 그릇.

---

1 다음 속담의 뜻풀이에 알맞은 낱말 카드의 기호를 쓰세요.

(1) 아무리 노력해도 보람 없이 헛된 일.　　　　　　　　　　　(　　　　　　　)

(2) 겉모습이 좋지 않다고 해서 속도 좋지 않을 것이라 쉽게 판단하지 말라.

　　　　　　　　　　　　　　　　　　　　　　　　　　　　(　　　　　　　)

2 속담 '뚝배기보다 장맛'이 어울리는 상황을 골라 ○표 하세요.

| 밥은 적게 먹으면서 과자는 많이 먹어서 살이 전혀 빠지지 않았다. □ | 휴대폰을 어디 놓았는지 몰라서 한참을 찾았는데 알고 보니 바지 주머니 안에 있었다. □ | 그는 겉모습은 우락부락하여 거칠어 보이지만 알고 보면 친절하고 정이 많은 사람이다. □ |

신석기 시대의 가장 큰 특징은 농사를 짓기 시작했다는 것입니다. 농사의 시작은 혁명이라고 할 수 있을 만큼 ❶획기적인 사건이었습니다. 사람들은 더 이상 식량을 찾아 이동하지 않고 농사에 필요한 물을 구하기 쉬운 강가나 바닷가에 ❷정착하여 생활하게 되었습니다. 또한 먹고 남은 음식을 저장하고 보관하기 위해 ❸토기를 만들어 사용하였는데, 그중 대표적인 토기가 바로 빗살무늬 토기입니다.

'빗살무늬'라는 이름은 그릇의 바깥쪽에 새겨져 있는 빗살 무늬 때문에 붙여진 것으로, 이 무늬는 나무나 동물의 뼈 등으로 짤막한 줄을 그어 새긴 것입니다. 무늬를 새긴 까닭은 정확히 알 수 없지만, 토기를 불에 구워 만들 때 토기가 갈라지는 현상을 막고 단단하게 하기 위한 것일 수도 있고, 자연에도 영혼이 있다고 믿었던 신석기 시대 사람들의 생각을 표현한 것일 수도 있습니다.

빗살무늬 토기는 일반적으로 ❹아가리는 넓지만 아래쪽은 뾰족한 V자 모양을 하고 있으며, 강가나 바닷가 주변의 모래에 꽂아서 안전하게 세워둘 수 있도록 만들어졌습니다. 또한 빗살무늬 토기에는 작은 구멍이 뚫려 있기도 한데, 이 구멍은 줄을 끼워 토기를 천장에 매달아 사용하거나 ❺파손된 토기를 수리하기 위해 구멍 사이를 끈으로 묶은 흔적으로 짐작됩니다.

빗살무늬 토기는 단순히 음식을 저장하고 보관하는 것뿐만 아니라 운반하고 조리하는 데에도 사용되었습니다. 이전에는 음식물을 날로 먹거나 불에 구워 먹을 수밖에 없었지만, 토기를 사용하게 되면서 음식물을 삶거나 찌는 등 다양한 조리 방법을 이용할 수 있게 되었습니다. 이렇듯 토기의 사용은 당시 사람들의 식생활에 큰 변화를 가져왔으며, 날로 먹으면 ❻유해하거나 섭취가 어려웠던 동식물들도 먹을 수 있게 되어 ❼식량 자원이 다양해졌습니다.

---

❶ **획기적**: 전혀 새로운 시기를 열어 놓을 만큼 뚜렷이 구분되는 것.
❷ **정착**: 한곳에 자리를 잡아 붙박이로 있거나 머물러 삶.
❸ **토기**: 흙으로 만든 그릇.
❹ **아가리**: 물건을 넣고 내고 하는, 병·그릇 따위의 구멍의 입구.
❺ **파손**: 깨어져 못 쓰게 됨.
❻ **유해하다**: 해로움이 있다.
❼ **식량 자원**: 사람의 먹을거리가 되는 자원.

1 이 글에서 신석기 시대의 대표적인 토기를 찾아 쓰세요.

(   )

2 빗살무늬 토기가 등장하게 된 배경으로 가장 알맞은 것은 어느 것인가요? (   )

① 불의 이용
② 농사의 시작
③ 사냥의 시작
④ 집단생활의 시작
⑤ 구워 먹는 식생활의 시작

3 이 글에서 알 수 있는 내용이 <u>아닌</u> 것은 어느 것인가요? (   )

① 빗살무늬 토기의 모양
② 빗살무늬 토기의 크기
③ 빗살무늬 토기에 무늬를 새긴 방법
④ 빗살무늬 토기라는 이름이 붙은 까닭
⑤ 빗살무늬 토기의 밑바닥이 뾰족한 까닭

4 다음 중 빗살무늬 토기의 모습으로 알맞은 것을 골라 ○표 하세요.

(출처: 국립중앙박물관)

(출처: 문화재청)

(출처: 국립전주박물관)

(   )   (   )   (   )

빗살무늬 토기의 쓰임으로 알맞은 것을 보기 에서 모두 골라 기호를 쓰세요.

보기
⊙ 곡식을 수확하는 데 사용되었다.
ⓛ 음식을 발효시키는 데 사용되었다.
ⓒ 음식을 운반하고 조리하는 데 사용되었다.
ⓔ 먹고 남은 음식을 저장하고 보관하는 데 사용되었다.

(   )

 토기를 사용하면서 나타난 생활 모습의 변화를 바르게 설명한 사람의 이름을 모두 쓰세요.

• 가희: 음식을 조리하는 방법이 다양해졌어.
• 나은: 사람들이 먹을 수 있는 식량이 많아졌어.
• 다운: 날로 먹을 수 있는 동식물이 줄어들었어.
• 라미: 사람들은 식량을 찾아 더욱 활발히 이동했어.

(   )

 이 글에서 알 수 있는 내용으로 알맞지 <u>않은</u> 것은 어느 것인가요? (   )

① 빗살무늬 토기는 불에 구워서 만들었다.
② 빗살무늬 토기는 모래 같은 곳에 묻어두고 사용했다.
③ 농사를 시작하면서 먹고 남을 만큼의 음식이 생겼다.
④ 신석기 시대의 사람들은 자연에 영혼이 있다고 믿었다.
⑤ 빗살무늬 토기는 대부분 밑바닥이 납작한 모양을 하고 있다.

 신석기 시대 사람들의 생활 모습
신석기 시대의 사람들은 농사를 짓기 시작하면서 한곳에 정착해 살았습니다. 그래서 땅을 파고 나무를 세워 만든 집인 움집을 짓고, 같은 핏줄끼리 마을을 이루어 살았습니다. 또한 토기를 만들어 음식물을 보관하고, 실로 옷을 만들며, 동물의 뼈로 장신구를 만들었습니다.

1 다음 빈칸에 들어갈 말의 뜻을 보고, 알맞은 낱말을 보기 에서 찾아 쓰세요.

> 보기   정착   아가리   획기적

(1) 물동이의 _____ 까지 찰랑찰랑하게 물을 가득 담았다.
  └ 물건을 넣고 내고 하는, 병·그릇 따위의 구멍의 입구.

(2) 그는 한곳에 _____ 하지 못하고 여기저기 떠돌아다녔다.
  └ 한곳에 자리를 잡아 붙박이로 있거나 머물러 삶.

(3) 컴퓨터의 발명은 인류의 삶에 _____ 인 변화를 가져왔다.
  └ 전혀 새로운 시기를 열어 놓을 만큼 뚜렷이 구분되는 것.

2 다음 낱말의 뜻을 보고, 문장에 들어갈 알맞은 낱말을 골라 ○표 하세요.

(1)

| 짓다 | 재료를 들여 밥, 옷, 집 따위를 만들다. |
| 짖다 | 개가 목청으로 소리를 내다. |

  { 공원에서 개가 컹컹 (짓다 / 짖다).
  { 건강에 좋은 잡곡을 섞어 밥을 (짓다 / 짖다).

(2)

| (으)로서 | 지위나 신분 또는 자격을 나타내는 말. |
| (으)로써 | 어떤 일의 수단이나 도구를 나타내는 말. |

  { 그것은 학생(으로서 / 으로써) 할 일이 아니다.
  { 토기를 사용함(으로서 / 으로써) 사람들의 생활에도 변화가 생겼다.

3 다음 문장에서 '날로'가 어떤 뜻으로 사용되었는지 번호를 쓰세요.

> 날로
> ① 날이 갈수록.
> ② 익거나 마르거나 삶지 아니한 날것 그대로.

(1) 우리나라에는 생선을 날로 먹는 문화가 있다.   (   )
(2) 교통량이 늘어나면서 대기 오염이 날로 악화되고 있다.   (   )

돌에서 기계까지, 농사 도구의 변화

매체 독해 다음 뉴스 화면을 보고, 물음에 답해 봅시다.

이제 농업용 드론으로 편하게 농사지어요

이제 농사도 스마트 시대입니다. 하늘을 나는 드론은 촬영이나 소방 등 여러 분야에 사용되고 있는데요, 최근 ○○시는 이 드론을 농사에 활용하려는 사업 계획을 발표했습니다. 이번 사업은 농작물에 해를 끼치는 해충을 없애 농작물의 품질을 향상시키고, 고령화로 인한 노동력 부족 문제를 해결하는 데에도 도움을 줄 것으로 보입니다. ○○시는 앞으로도 드론 교육을 활성화하여 벼농사뿐만 아니라 과일을 재배하는 과수원에도 드론을 적극 활용할 것이라고 하였습니다.

1 뉴스에서 소개하고 있는 드론이 활용된 새로운 분야는 어느 것인가요? (   )

① 건설   ② 농업   ③ 소방   ④ 의료   ⑤ 촬영

2 드론을 활용해서 얻을 수 있는 효과를 바르게 설명한 사람의 이름을 모두 쓰세요.

> • 은우: 농작물에 해를 끼치는 벌레의 종류를 파악할 수 있어.
> • 수영: 과수원에서 재배되는 과일의 품질을 더 좋게 할 수 있어.
> • 재현: 고령화로 인한 농촌의 노동력 부족 문제를 해결할 수 있어.

(   )

먼 옛날, 사람들은 돌을 깨뜨려 만든 도구를 사용해서 동물을 사냥하거나 열매를 ^❶채집하여 먹을 것을 마련하였습니다. 그러다 우연히 땅에 떨어뜨린 씨앗에서 싹이 트는 것을 발견하면서 농사를 짓기 시작하였습니다. 농사를 지으면서 땅을 갈거나 곡식을 ^❷수확하기 위한 도구가 필요해지자, 사람들은 필요한 농사 도구를 만들어 쓰기 시작하였습니다.

사람들은 땅을 갈아 논이나 밭을 만들기 위해 돌괭이를 만들어 사용하였습니다. 돌괭이는 긴 나무 막대기 끝에 뾰족한 돌을 묶어 만든 것으로, 땅을 갈고 씨앗을 뿌릴 때 이용했습니다. 시간이 흘러 철을 사용할 수 있게 되면서 용도에 따라 다양한 모양의 농사 도구를 만들 수 있게 되었습니다. 사람들은 나무 막대기의 끝부분에 돌보다 훨씬 날카롭고 튼튼한 철을 달아 ^❸괭이를 만들었으며, 소의 힘을 이용하는 쟁기를 만들어 사용하기도 하였습니다. 철로 만든 괭이와 쟁기를 이용하면서 땅을 더 깊고 쉽게 갈 수 있었습니다. 오늘날에는 과학 기술의 발달로 ^❹트랙터를 사용하여 이전보다 힘을 덜 들이면서 논이나 밭을 갈 수 있게 되었습니다.

곡식을 수확하는 도구도 발달하게 되었습니다. 처음에는 돌을 갈아 날카롭게 만든 반달 돌칼 등을 사용하여 곡식의 ^❺낟알을 거두었으나, 점차 나무 막대기에 ㄱ자 모양의 철을 박아 만든 ^❻낫을 사용하였습니다. 이후 곡식의 낟알을 떨어내는 농기계인 탈곡기를 사용하다가, 최근에는 농작물을 베면서 동시에 ^❼탈곡까지 하는 콤바인을 사용하게 되어 훨씬 쉽고 편리하게 농사를 지을 수 있게 되었습니다.

농사 도구가 발달하면서 한 사람이 수확하는 곡식의 양이 이전에 비해 훨씬 늘어났고, 농사지을 수 있는 땅도 훨씬 더 넓어졌습니다. 덕분에 사람들은 점차 식량을 안정적으로 구할 수 있게 되었습니다. 오늘날에는 농사일에 기계를 사용하게 되어 아주 넓은 땅도 예전에 비해 힘을 들이지 않고 편리하게 농사지을 수 있게 되었습니다. 그 결과 사람들은 더욱 다양하고 많은 양의 곡식과 채소, 과일을 얻을 수 있게 되었습니다.

----

❶ **채집**: 널리 찾아서 얻거나 캐거나 잡아 모으는 일.
❷ **수확**: 익은 농작물을 거두어들임.
❸ **괭이**: 땅을 파거나 흙을 평평하게 하는 데 쓰는 농기구.
❹ **트랙터**: 무거운 짐이나 농기계를 끄는 특수 자동차.
❺ **낟알**: 껍질을 벗기지 않은 곡식의 알맹이.
❻ **낫**: 안쪽으로 날을 내고, 뒤 끝에 나무 자루를 박아 곡식, 나무, 풀 따위를 베는 농기구.
❼ **탈곡**: 벼, 보리 따위의 이삭에서 낟알을 떨어내는 일.

1 이 글의 중심 내용으로 알맞은 것은 어느 것인가요? ( )

① 농사 도구의 발달
② 농사를 짓는 방법
③ 농업에 유리한 곳
④ 농사 도구의 쓰임
⑤ 농업의 발달 과정

2 이 글의 내용을 다음과 같이 정리할 때, 빈칸에 들어갈 알맞은 말을 쓰세요.

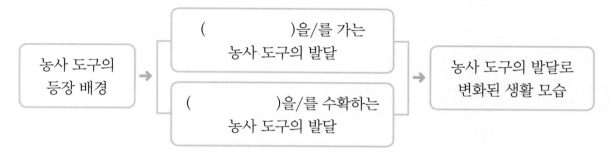

농사 도구의
등장 배경

( )을/를 가는
농사 도구의 발달

( )을/를 수확하는
농사 도구의 발달

농사 도구의 발달로
변화된 생활 모습

3 땅을 가는 농사 도구를 발달 순서에 맞게 번호를 쓰세요.

쟁기	돌괭이	트랙터	철로 만든 괭이
( )	( )	( )	( )

4 곡식을 수확하는 농사 도구에 대한 설명으로 옳은 것에는 ○표, 옳지 <u>않은</u> 것에는 ×표 하세요.

(1) 처음에는 돌을 갈아 만든 반달 돌칼을 사용하였다. ( )

(2) 오늘날에는 콤바인을 사용해 편리하게 농사를 짓는다. ( )

(3) 탈곡기는 농작물을 베면서 동시에 낟알을 떨어내는 농기계이다. ( )

5 땅을 가는 농사 도구와 곡식을 수확하는 농사 도구를 보기 에서 골라 쓰세요.

> 보기   낫   돌괭이   콤바인   트랙터

(1) 땅을 가는 농사 도구: (   )
(2) 곡식을 수확하는 농사 도구: (   )

6 이 글의 내용과 맞지 <u>않는</u> 것은 어느 것인가요? (   )

① 농사를 짓기 위해 동물의 힘을 빌리기도 하였다.
② 농기계를 사용하면 더 편리하게 농사지을 수 있다.
③ 철보다는 돌로 만든 도구가 훨씬 날카롭고 튼튼하다.
④ 농사를 짓기 전에는 사냥한 동물이나 채집한 열매를 먹고 살았다.
⑤ 농사 도구가 발달하면서 한 사람이 농사지을 수 있는 땅의 면적이 넓어졌다.

7 농사 도구의 발달에 따라 달라진 생활 모습으로 알맞은 것은 어느 것인가요? (   )

① 곡식의 맛이 더 떨어졌다.
② 수확하는 곡식의 양이 늘어났다.
③ 많은 힘을 들여 농사짓게 되었다.
④ 심을 수 있는 곡식의 종류가 줄어들었다.
⑤ 농사지을 수 있는 기간이 예전보다 늘어났다.

농촌에 불어오는 기계화 바람, 트랙터

트랙터는 논이나 밭을 갈기 위해 사용하는 작업용 자동차로, 최근에는 농산물 재배 과정의 기계화 바람에 맞추어 더욱 정밀하고 다양한 작업이 가능한 트랙터가 개발되었습니다. 트랙터는 생산성을 높이는 것뿐만 아니라 농촌의 노동력 부족 문제를 해결하는 방안으로 떠오르고 있습니다.

1 다음의 뜻을 가진 낱말을 보기 에서 찾아 쓰세요.

> 보기   낟알   수확   탈곡

(1) 할아버지께서 곡식의 _____ 을 떨고 계셨다.
└ 껍질을 벗기지 않은 곡식의 알맹이.

(2) 농부는 _____ 을 마치고 마당에 볏짚을 쌓아 두었다.
└ 벼, 보리 따위의 이삭에서 낟알을 떨어내는 일.

(3) 가을은 그동안 키운 농작물을 _____ 하는 풍요로운 계절이다.
└ 익은 농작물을 거두어들임.

2 다음 문장에서 '갈다'가 어떤 뜻으로 사용되었는지 번호를 쓰세요.

갈다
> ① 이미 있는 사물을 다른 것으로 바꾸다.
> ② 날카롭게 날을 세우기 위하여 다른 물건에 대고 문지르다.
> ③ 쟁기나 트랙터 따위의 농기구나 농기계로 땅을 파서 뒤집다.

(1) 고장 난 전등을 빼고 새것으로 갈아야겠다. (   )
(2) 내일 벼를 베려면 미리 낫을 갈아 두어야 한다. (   )
(3) 농부는 논을 갈다 말고 걸음을 멈춘 채 하늘을 바라보았다. (   )

3 다음 밑줄 친 말과 반대의 뜻을 가진 낱말을 보기 에서 찾아 쓰세요.

> 보기   묶다   뾰족하다   튼튼하다

(1) 신발을 벗기 위해 끈을 풀다. ↔ [   ]

(2) 연필을 오랫동안 깎지 않아 뭉툭하다. ↔ [   ]

(3) 부모님이 걱정할 만큼 언니의 몸은 약하다. ↔ [   ]

실과 옷감을 만드는 도구의 변화

정답 확인

하루한장 앱에서
학습 인증하고
하루템을 모으세요!

 **매체 독해** 다음 검색 화면을 보고, 물음에 답해 봅시다.

목화에서 옷감을 어떻게 얻었나요?

❯관련 검색어
  문익점, 목화송이, 하얀 꽃, 물레

❯목화에서 무명 옷감을 얻는 방법

목화를 따서 말려요.

목화송이에서 씨를 골라
내고 고치를 만들어요.

물레를 돌려 고치에서
실을 뽑아내요.

실을 고르게 해서 베틀로
무명 옷감을 짜요.

1 무명 옷감의 재료가 되는 식물을 골라 ○표 하세요.

국화 ☐	목화 ☐	무궁화 ☐	채송화 ☐

2 무명 옷감을 얻는 방법을 순서에 맞게 번호를 쓰세요.

- 목화를 따서 말린다. (   )
- 물레를 돌려 고치에서 실을 뽑아낸다. (   )
- 실을 고르게 하여 베틀로 무명 옷감을 짠다. (   )
- 목화송이에서 씨를 골라내고 고치를 만든다. (   )

　사람들은 언제부터, 어떻게 옷을 만들어 입기 시작했을까요? 먼 옛날, 사람들은 옷을 만들기 위해 가락바퀴와 뼈바늘이라는 도구를 사용하였습니다. 사람들은 식물의 줄기를 얇게 뜯은 후 가락바퀴의 중앙에 꽂은 막대기에 꼬아 실을 만들었습니다. 그리고 동물의 뼈를 날카롭게 갈아 만든 뼈바늘에 실을 꿰고 가죽을 엮어 옷을 만들어 입었습니다. 가락바퀴와 뼈바늘을 이용함으로써 사람들은 몸에 맞는 옷을 만들어 입을 수 있게 되었고, 여러 가지 자연적 위험으로부터 몸을 보호할 수 있게 되었습니다.

　문익점이 중국에서 목화씨를 들여온 이후부터는 무명 옷감을 만들 수 있게 되었습니다. ㉠ 사람들은 목화를 ❶재배하여 말리고, 목화씨를 골라낸 후 목화송이를 부풀려 ❷고치를 만들었습니다. 물레를 이용해 고치에서 실을 뽑은 뒤에는 뽑아낸 실에 ❸풀을 먹여 실을 완성하고, 실을 고르게 해서 서로 엮어 ❹베틀로 짜 무명 옷감을 얻었습니다. 이렇게 베틀로 옷감을 만들 수 있게 되면서 사람들은 실을 만들 수 있는 식물을 재배하여 원하는 만큼의 옷감을 얻을 수 있게 되었습니다.

　오늘날에는 공장에서 ❺방직기와 ❻재봉틀이라는 기계를 이용하여 옷을 만듭니다. 방직기를 사용함으로써 다양한 옷감을 빠르고 편리하게 만들 수 있게 되었고, 재봉틀을 사용함으로써 빠르고 정확하게 바느질을 할 수 있게 되었습니다. 이렇게 옷을 만드는 기계가 발달하면서 오늘날에는 공장에서 옷을 대량 생산할 수 있게 되었습니다. 또한 점점 더 다양한 옷을 생산할 수 있게 되어 사람들은 옷을 통해 자신의 ❼개성을 드러낼 수 있게 되었고, 패션 디자이너나 패션모델과 같은 직업도 생기게 되었습니다.

　이처럼 옛날에는 실을 뽑는 작업부터 옷감을 만드는 것까지 모두 사람의 손으로 이루어졌으나, 오늘날에는 옷을 만드는 도구가 점점 발달함에 따라 사람들은 　　　㉡　　　을/를 만들 수 있게 되었습니다.

---

❶ **재배**: 식물을 심어 가꿈.

❷ **고치**: 물레를 돌려 실을 뽑으려고 만든 솜방망이.

❸ **풀**: 쌀이나 밀가루 따위에서 빼낸 끈끈한 물질. 무엇을 붙이거나 옷감을 빳빳하게 만드는 데 씀.

❹ **베틀**: 명주·무명·모시·삼베 등의 천을 짜는 틀.

❺ **방직기**: 실을 뽑아서 천을 짜 내는 기계를 통틀어 이르는 말.

❻ **재봉틀**: 바느질을 하는 기계.

❼ **개성**: 다른 사람과 구별되는 고유의 특성.

1 이 글에서 설명하는 대상으로 알맞은 것은 어느 것인가요?　　　（　　　　）

① 옷을 만들 때 이용한 도구

② 빨래를 할 때 이용한 도구

③ 다림질을 할 때 이용한 도구

④ 바느질을 할 때 이용한 도구

⑤ 농사를 지을 때 이용한 도구

2 먼 옛날 사람들이 옷을 만들던 방법에 대해 바르게 설명한 사람의 이름을 모두 쓰세요.

> • 선하: 식물의 줄기를 이용해서 실을 만들었어.
> • 주현: 뼈바늘의 중앙에 막대기를 꽂아 사용했어.
> • 재환: 가락바퀴에 실을 꿰고 가죽을 엮어 옷을 만들었어.
> • 민수: 가락바퀴와 뼈바늘을 이용하면서 몸에 맞는 옷을 입을 수 있게 되었어.

（　　　　　　　　　　）

3 ㉠에서 내용을 설명한 방법으로 알맞은 것은 어느 것인가요?　　　（　　　　）

① 일을 하는 과정을 순서에 따라 설명하였다.

② 일어난 일에 대한 자신의 느낌을 설명하였다.

③ 대상의 좋은 점과 나쁜 점을 함께 설명하였다.

④ 대상의 성격을 다른 것과 비교하여 설명하였다.

⑤ 읽는 이가 이해하기 쉽도록 예를 들어 설명하였다.

4 '베틀'에 대한 설명으로 알맞은 것은 어느 것인가요?　　　（　　　　）

① 빠르고 정확하게 바느질을 하는 도구이다.

② 가죽을 엮어 옷을 만들 때 이용한 도구이다.

③ 고치에서 뽑아낸 실에 풀을 먹이는 도구이다.

④ 실을 올려놓고 서로 엮어서 옷감을 짜는 도구이다.

⑤ 오늘날 널리 이용하고 있는 옷을 만드는 기계이다.

5 이 글에서 옷을 만드는 도구의 예로 든 것이 <u>아닌</u> 것은 어느 것인가요?　　　（　　　　）

① 골무　　　　　　　② 물레　　　　　　　③ 베틀

④ 재봉틀　　　　　　⑤ 가락바퀴

6 옷을 만드는 도구를 발달 순서에 맞게 번호를 쓰세요.

▲ 베틀

（　　　　　　　　　）

▲ 재봉틀

（　　　　　　　　　）

▲ 가락바퀴　　（출처: 국립광주박물관）

（　　　　　　　　　）

7 ⓛ에 들어갈 말로 알맞은 것은 어느 것인가요?　　　　　　　　（　　　　）

① 옷을 소개하는 새로운 직업

② 옛날과 똑같은 방식으로 옷

③ 옷에 어울리는 독특한 장신구

④ 쉽고 빠르게 다양한 종류의 옷

⑤ 옷을 소개하는 여러 가지 전시회

목화를 들여온 문익점

문익점은 중국 원나라에 사신으로 갔다가 고려로 돌아오는 길에 목화 몇 송이를 따서 가져왔다고 합니다. 그의 노력 끝에 전국에서 목화씨를 재배할 수 있게 되었고, 물레와 베틀을 사용해 옷을 짜서 입을 수 있게 되었습니다. 또한 서민들은 목화에서 얻은 솜을 옷에 덧대어 입음으로써 따뜻한 겨울을 보낼 수 있게 되었습니다.

1 다음 낱말의 뜻으로 알맞은 것을 선으로 이어 보세요.

(1) 고치 •

(2) 베틀 •

(3) 재배 •

(4) 방직기 •

• ㉠ 식물을 심어 가꿈.

• ㉡ 명주·무명·모시·삼베 등의 천을 짜는 틀.

• ㉢ 물레를 돌려 실을 뽑으려고 만든 솜방망이.

• ㉣ 실을 뽑아서 천을 짜 내는 기계를 통틀어
이르는 말.

2 다음 중 다른 낱말을 포함하는 낱말을 골라 ○표 하세요.

(1)

| 도구 | 베틀 | 방직기 | 재봉틀 | 가락바퀴 |

(2)

| 명주 | 모시 | 무명 | 삼베 | 옷감 |

3 다음 밑줄 친 말과 바꾸어 쓸 수 있는 낱말을 보기 에서 찾아 쓰세요.

보기   드러내다   사용하다   재배하다

(1) 길이를 정확하게 재기 위해 자를 쓰다. ⋯⋯⋯⋯⋯⋯⋯⋯⋯

(2) 공기를 맑게 하려고 집 안에서 식물을 기르다. ⋯⋯⋯⋯⋯⋯

(3) 감사 편지를 써서 고마워하는 마음을 나타내다. ⋯⋯⋯⋯⋯

주제5 도구의 변화, 달라진 생활 모습

가로세로 퍼즐을 완성하며, 주제5에서 공부한 용어의 뜻을 다시 한번 떠올려 봐요.

가로 열쇠

❶ 인간이 생활하는 데 필요한 각종 물건을 만들어 냄.

❸ 몸치장을 하는 데 쓰는 귀고리, 목걸이 등의 물건.

❹ 청동기 시대에 만들어진 둥근 거울로, 톱니무늬 등이 새겨져 있음.

❺ 돌을 갈아 만든 도구를 사용하고 농사를 짓기 시작한 □□□ 시대.

❼ 옛날 사람들이 실을 뽑기 위해 이용하던 중앙에 둥근 구멍이 뚫려 있는 도구.

❽ 신석기 시대를 대표하는 것으로, 아래쪽이 뾰족하고 빗살무늬가 새겨진 토기.

세로 열쇠

❶ 사람들이 생활하는 데 필요한 여러 가지 물건.

❷ 나중에 쓰기 위하여 물건을 모아서 보관함.
  > 예 신석기 시대에는 토기를 이용해 음식을 □□하였다.

❹ 청동을 사용하여 도구를 만들던 □□□ 시대.

❻ 농작물을 베면서 동시에 탈곡까지 하는 오늘날의 농기계.

❾ 옛날 사람들이 목화를 이용하여 만들었던 옷감.

❿ 실을 뽑아서 천을 짜 내는 기계를 통틀어 이르는 말.

이번 주에 공부할 내용에 대한
주간 학습 계획을 세워 보세요.

	공부할 내용	교과 연계	공부한 날	스스로 평가
1장	하늘과 물에서 결혼을 한대요	사회 3-2 [3단원]	월 일	😟 😋 😍
2장	어린이날, 어버이날, 그리고 '입양의 날'	사회 3-2 [3단원], 4-2 [3단원]	월 일	😟 😋 😍
3장	미래의 또 다른 가족, 반려 로봇	사회 3-2 [3단원]	월 일	😟 😋 😍
4장	만나고 싶어도 만날 수 없는 가족이 있어요	사회 3-2 [3단원], 6-2 [2단원]	월 일	😟 😋 😍

하늘과 물에서 결혼을 한대요

 **매체 독해** 다음 안내 자료를 보고, 물음에 답해 봅시다.

"신랑 신부 혼례복, 이렇게 생겼어요!"

사모
벼슬아치들이 쓰던 모자로, 서민 남자들도 혼례식 때에는 사모를 쓸 수 있었어요.

각대
관복 위에 두르던 허리띠로, 가죽을 비단으로 감싸 만들었어요.

관복
관리들이 궁중에서 입던 예복인데, 혼례 때는 서민들도 입었어요. 사모와 관복을 합쳐 사모관대라고 했어요.

목화
사모관대를 할 때 신던 신발이에요.

화관, 족두리
예복을 입을 때 머리에 얹던 화려하게 꾸민 관이에요.

용잠
용의 머리 형상을 새긴 큰 비녀로, 사대부 집에서도 혼례 등의 의식 때 꽂았어요.

앞댕기
용잠의 양쪽에 감아 앞쪽으로 드리우는 댕기예요.

활옷, 원삼
궁중의 왕비와 공주의 예복으로, 서민들이 혼례복으로도 입었어요. 활옷과 원삼에는 수를 놓아 화려함을 더했어요.

1 옛날 결혼식에서 신랑이 입던 옷차림으로, 사모와 관복을 합쳐서 부르는 말을 찾아 쓰세요.

(   )

2 옛날 신부의 혼례복에 대한 설명으로 옳은 것에는 ○표, 옳지 <u>않은</u> 것에는 ×표 하세요.

(1) 용잠이라는 비녀에 댕기를 감았다.   (   )

(2) 옷 외에 다른 장신구는 사용하지 않았다.   (   )

(3) 활옷이나 원삼에는 화려하게 수를 놓았다.   (   )

결혼식은 남자와 여자가 부부가 되기를 약속하는 의식으로, 옛날에는 혼례라고 하였습니다. 오늘날에는 서양의 결혼 문화가 들어오면서, 신랑과 신부가 화려한 한복을 입고 치르는 전통 혼례부터 새롭게 등장한 **●이색적인** 결혼식까지 결혼식의 모습이 매우 다양해졌습니다. 그렇다면 옛날과 오늘날의 결혼식은 어떻게 다를까요?

옛날의 결혼식은 대부분 남녀 두 사람을 중간에서 소개하는 **●중매인**이 있었고, 양쪽 집안의 어른들끼리 혼인을 약속하는 것부터 시작되었습니다. 결혼하는 날이 되면 신랑은 **●사모관대** 차림으로 말을 타고 신부의 집으로 향하고, 신부는 화려한 문양이 새겨진 **●원삼**을 입고 족두리를 쓴 채 신랑을 기다렸습니다. 신랑은 신부 집에 도착하면 신부 측에 나무로 만든 기러기 한 쌍을 건네주었습니다. 혼례가 시작되면 신랑과 신부는 서로 마주 본 채 큰절을 올리고, 같은 잔에 담긴 술을 나누어 마시며 사람들에게 혼인을 널리 알렸습니다. 혼례를 치른 후에는 신랑, 신부가 신랑의 집으로 가서 집안 어른들께 **●폐백**을 드렸습니다. 이때 어른들은 자식을 많이 낳고 부자가 되라는 의미를 담아 신부의 치마에 대추나 밤을 던져 주었습니다.

오늘날의 결혼식은 예전의 결혼식과는 많이 달라졌습니다. 신랑은 주로 턱시도를, 신부는 웨딩드레스를 입고 가족, 친척, 친구들이 모인 결혼식장에서 결혼반지를 주고받으며 부부가 되기를 약속합니다. 결혼식의 모습도 다양해져서 공원, 정원 등의 야외에서 결혼식을 하기도 하고, 스쿠버 다이빙 복장을 한 채 바다 속에서 결혼식을 하기도 합니다. 하늘에서 하는 스카이다이빙 결혼식, 절벽 위에서 하는 결혼식, 영화나 드라마를 **●재현하거나** 합동으로 하는 결혼식 등 색다른 결혼식도 등장했습니다. 결혼식을 마친 뒤에는 결혼식장에 있는 폐백실에서 신랑과 신부의 부모님께 폐백을 드리고, **●피로연**을 하거나 신혼여행을 떠나기도 합니다.

이처럼 옛날과 오늘날의 결혼식은 장소, 옷차림, 방법 등은 많이 달라졌지만, 그 속에 담긴 의미는 변함이 없습니다. 신랑과 신부가 부부가 되어 새로운 가정을 이룬다는 점, 많은 사람들이 신랑과 신부가 오랫동안 행복하기를 축복해 주는 자리라는 점은 같습니다.

----

❶ 이색적: 보통의 것과 색다른 성질을 지닌 것.
❷ 중매인: 결혼이 이루어지도록 중간에서 소개하는 사람.
❸ 사모관대: 옛날 벼슬아치의 복장이었으나, 전통 혼례 때 신랑이 입기도 한 옷차림.
❹ 원삼: 소매가 넓적한 왕비의 예복이었으나, 전통 혼례 때 신부가 입기도 한 옷차림.
❺ 폐백: 신부가 처음으로 시부모를 뵐 때 큰절을 하고 올리는 물건. 또는 그런 일.
❻ 재현하다: 다시 나타나다. 또는 다시 나타내다.
❼ 피로연: 결혼이나 출생 등의 기쁜 일을 널리 알리기 위해 베푸는 잔치.

1 이 글의 중심 낱말은 무엇인지 쓰세요.

(　　　　　　　　　　)

2 이 글에서 알 수 있는 내용이 <u>아닌</u> 것은 어느 것인가요? (　　)

① 결혼식의 뜻
② 옛날의 결혼식이 진행되는 과정
③ 옛날과 오늘날의 결혼식 때 입는 옷
④ 오늘날 새롭게 등장한 결혼식의 모습
⑤ 오늘날의 결혼식이 가지는 특별한 의미

3 옛날 결혼식에 대한 설명으로 알맞은 것을 보기 에서 모두 골라 기호를 쓰세요.

> 보기
> ㉠ 옛날에는 결혼식을 혼례라고 하였다.
> ㉡ 신랑의 집에서 혼례를 치르고 신부의 집으로 갔다.
> ㉢ 주로 결혼할 남녀가 자연스럽게 만나 혼인을 약속하였다.
> ㉣ 신랑은 결혼하는 날 신부 측에 나무 기러기 한 쌍을 주었다.

(　　　　　　　　　　)

4 다음과 같은 결혼 풍습에 담긴 의미로 알맞은 것은 어느 것인가요? (　　)

> 신랑과 신부가 폐백을 드릴 때 어른들이 신부의 치마에 대추나 밤을 던져 준다.

① 어른들에게 효도하라는 뜻에서
② 결혼의 의미를 잊지 말라는 뜻에서
③ 아픈 데 없이 건강하게 살라는 뜻에서
④ 힘들어도 서로 의지하며 살라는 뜻에서
⑤ 자식을 많이 낳고 부자가 되라는 뜻에서

5 옛날과 오늘날의 결혼식에서 공통적으로 찾아볼 수 있는 모습은 어느 것인가요? (정답 2개)

(   )

① 어른들께 폐백 드리기   ② 결혼식 후 신혼여행 떠나기

③ 신랑과 신부를 축복해 주기   ④ 피로연을 열어 가족들에게 인사하기

⑤ 신랑이 신부에게 기러기 한 쌍 건네기

6 이 글을 읽은 후의 반응이 <u>잘못된</u> 사람은 누구인가요?   (   )

① 아름: 옛날에는 대부분 중매인을 통해 결혼했어.

② 다운: 결혼식은 오랫동안 행복하기를 축복받는 자리야.

③ 우리: 나는 나중에 바다나 하늘에서 이색 결혼식을 올리고 싶어.

④ 나라: 오늘날에는 더 이상 전통 혼례의 방식으로는 결혼하지 않아.

⑤ 강산: 옛날과 오늘날의 결혼식은 모두 새로운 가정을 이룬다는 의미가 있어.

7 다음은 옛날과 오늘날의 대표적인 결혼식 모습을 정리한 표입니다. 빈칸에 들어갈 알맞은 말을 쓰세요.

	옛날의 결혼식	오늘날의 결혼식
장소	( )의 집	결혼식장
옷차림	사모관대, 족두리와 원삼	턱시도, 웨딩드레스
주고받는 것	( ) 한 쌍	결혼반지
마친 후	폐백	폐백, 피로연, ( )여행

배경 +지식 넓히기

비행기가 결혼식장으로, 기내 결혼식

비행기 마니아나 이색적인 결혼을 원하는 예비부부들을 위한 기내 결혼식이 등장했습니다. 하객들은 퍼스트·비즈니스 클래스 좌석을 이용할 수 있으며, 기내 결혼식이 진행되는 동안 승무원들은 기내 방송으로 축하 메시지를 읽어 주기도 합니다. 또, 결혼식이 끝난 뒤 비행기를 배경으로 기념 촬영을 할 수도 있습니다.

1 다음의 뜻을 가진 낱말을 보기 에서 찾아 쓰세요.

| 보기 | 원삼 | 폐백 | 이색적 | 피로연 |

(1) 결혼식이 끝난 뒤에 정원에서 _____ 이 열렸다.
└ 결혼이나 출생 등의 기쁜 일을 널리 알리기 위해 베푸는 잔치.

(2) 신랑과 신부는 _____ 을 드리기 위해 자리를 이동하였다.
└ 신부가 처음으로 시부모를 뵐 때 큰절을 하고 올리는 물건. 또는 그런 일.

(3) 머리에 족두리를 쓰고 _____ 을 입은 신부가 환하게 웃었다.
└ 소매가 넓적한 왕비의 예복이었으나, 전통 혼례 때 신부가 입기도 한 옷차림.

(4) 외국인이 우리나라의 민요를 부르는 모습이 _____ 으로 느껴졌다.
└ 보통의 것과 색다른 성질을 지닌 것.

2 다음 문장에 들어갈 말을 바르게 쓴 것에 ○표 하세요.

(1) 좋은 날을 택하여 혼례를 (치르기로 / 치루기로) 하였다.

(2) 도연이는 선생님께 친구의 잘못을 (이르고 / 일르고) 있었다.

(3) 민철이는 지나가는 길에 친구 집에 (들르자고 / 들리자고) 말했다.

3 다음 한자 성어의 뜻을 보고, 문장에 들어갈 알맞은 한자 성어를 찾아 쓰세요.

내외지간(內外之間)	남편과 아내의 사이. 부부 사이.
백년해로(百年偕老)	부부의 인연을 맺어 평생을 같이 즐겁게 지낸다는 말.

(1) 두 사람은 결혼식을 올리고 _____ 을/를 약속했다.

(2) 그 노부부는 젊을 때부터 _____ 의 정이 남다르게 좋았다.

2장 23일차 어린이날, 어버이날, 그리고 '입양의 날'

 **매체 독해** 다음 설문 조사 결과를 보고, 물음에 답해 봅시다.

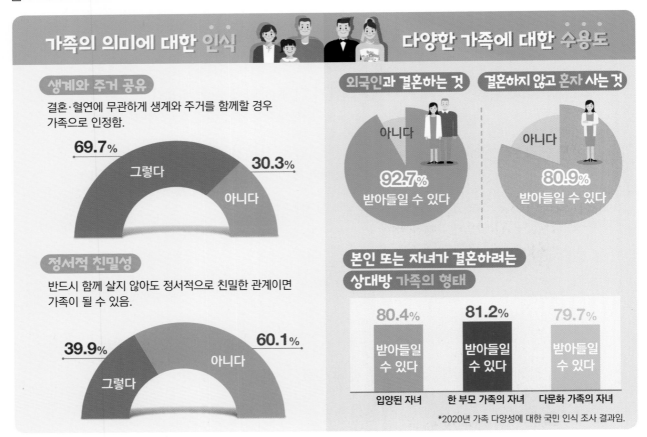

가족의 의미에 대한 인식

생계와 주거 공유
결혼·혈연에 무관하게 생계와 주거를 함께할 경우 가족으로 인정함.

69.7% 그렇다
30.3% 아니다

정서적 친밀성
반드시 함께 살지 않아도 정서적으로 친밀한 관계이면 가족이 될 수 있음.

39.9% 그렇다
60.1% 아니다

다양한 가족에 대한 수용도

외국인과 결혼하는 것
아니다
92.7% 받아들일 수 있다

결혼하지 않고 혼자 사는 것
아니다
80.9% 받아들일 수 있다

본인 또는 자녀가 결혼하려는 상대방 가족의 형태

80.4% 받아들일 수 있다 — 입양된 자녀
81.2% 받아들일 수 있다 — 한 부모 가족의 자녀
79.7% 받아들일 수 있다 — 다문화 가족의 자녀

*2020년 가족 다양성에 대한 국민 인식 조사 결과임.

1 위와 같은 설문 조사를 실시한 목적으로 알맞은 것을 골라 ○표 하세요.

가족의 역할과 소중함을 설명하려고 ☐	다양한 가족에 대한 인식을 알아보려고 ☐	다양한 가족의 변화 모습을 소개하려고 ☐

2 설문 조사 결과를 바르게 이해한 사람의 이름을 모두 쓰세요. (   )

- 재승: 결혼하려는 상대방의 다양한 가족 형태를 받아들이는 사람이 많아.
- 민정: 아직까지 외국인과 결혼하거나 혼자 사는 것에 반대하는 사람이 많아.
- 지훈: 결혼과 무관하게 생계와 주거를 함께하면 가족이라고 생각하는 사람이 많아.
- 현지: 사람들은 함께 살지 않아도 정서적으로 친밀하면 가족이 될 수 있다고 생각해.

5월 11일, 이날은 어떤 날일까요? 바로 '입양의 날'입니다. 입양의 날은 '1가정이 1아동을 입양해 새로운 가정(1+1)을 만들어 간다.'는 뜻이 담긴 특별한 날입니다. 우리 사회는 **❶건전한** 입양 문화를 만들고, 입양을 활성화하기 위해 이러한 날을 만들었습니다.

입양은 혈연관계가 아닌 아이를 데려와 부모와 자식의 관계를 맺어 키울 수 있게 법적으로 인정해 주는 제도로, 피치 못할 사정이 있어서 친부모와 함께 살 수 없는 아이들에게 안정적인 가정을 만들어 줍니다. 이렇게 입양을 통해 이루어진 가족을 입양 가족이라고 하는데, 입양 가족은 가족을 이루는 방법만 다를 뿐 다른 가정과 다를 바 없이 서로 아끼고 **❷존중**하며 살아가는 가족 형태입니다.

하지만 우리 주위에는 여전히 입양에 대한 잘못된 **❸편견**이 존재합니다. '입양아는 불쌍한 아이', '입양 부모는 대단한 사람', '낳은 자식처럼 키울 수는 없지 않나?' 등 입양 가족을 바라보는 **❹그릇된** 편견과 입양을 **❺부정적**으로 바라보는 따가운 시선들은 좋은 입양 문화를 만들어 가는 데 걸림돌이 됩니다. 입양아는 새로운 가정에서 충분히 보호받고 사랑받을 권리가 있으며, 입양 부모는 입양아의 행복을 위하여 최선을 다합니다. 그런데 정작 주변 사람들이 내뱉는 부정적인 말 한마디와 못 **❻미덥게** 여기는 눈빛에 상처받게 되는 경우가 많습니다.

우리 사회에는 입양 가족뿐만 아니라, 부모 없이 조부모와 손주가 같이 사는 가족, 부모 중 한 사람과 그 자녀로 이루어진 가족, 재혼을 통해 이루어진 가족, 혼자 사는 1인 가구, 외국인과 결혼하여 가정을 이룬 가족 등 다양한 형태의 가족이 존재합니다. 이처럼 오늘날 가족의 형태는 점차 다양해지고 있지만, 함께 의식주를 해결하고 가족 구성원이 서로 아끼고 사랑하며 살아간 다는 점에서는 공통점을 찾을 수 있습니다. 입양은 가정이 필요한 아이들에게 울타리를 만들어 주고 새 가족과 사랑을 나눌 수 있게 하는 것 자체만으로 가치 있고 아름다운 일입니다. 이제는 입양 가족에 대한 **❼색안경**을 벗고 따뜻한 응원을 보낼 때입니다.

---

❶ 건전하다: 사상이나 사물 따위의 상태가 한쪽으로 치우치지 않고 정상적이며 위태롭지 아니하다.
❷ 존중하다: 높이어 귀중하게 대하다.
❸ 편견: 공정하지 못하고 한쪽으로 치우친 생각.
❹ 그릇되다: 어떤 일이 이치에 맞지 아니하다.
❺ 부정적: 바람직하지 못한 것.
❻ 미덥다: 믿음이 가는 데가 있다. '못 미덥다'는 '믿음성이 없어 마음에 차지 않다.'라는 뜻으로 쓰임.
❼ 색안경: 자기만의 생각에 얽매여 좋지 않게 보는 태도를 이르는 말.

1 이 글의 중심 낱말로 알맞은 것은 어느 것인가요?　　　　　　　　　　　　　(　　　)

① 가족　　　　　　　② 결혼　　　　　　　③ 문화

④ 입양　　　　　　　⑤ 혈연

2 이 글에서 글쓴이가 말하고자 하는 내용은 어느 것인가요?　　　　　　　(　　　)

① 어린이를 차별하지 말자.

② 어린이의 인권을 보호하자.

③ 입양 가족에 대한 편견을 버리자.

④ 입양 가족을 특별하게 대우해 주자.

⑤ 모든 가정이 한 명의 아이를 꼭 입양하자.

3 '입양의 날'에 대한 설명으로 알맞지 <u>않은</u> 것은 어느 것인가요?　　　　(　　　)

① 매년 5월 11일이다.

② 입양을 활성화하기 위하여 만든 날이다.

③ 모든 어린이는 평등하다는 생각이 담겨 있다.

④ 건전한 입양 문화를 만들기 위하여 정한 날이다.

⑤ '1가정이 1아동을 입양해 새로운 가정을 만든다.'는 뜻이 담겨 있다.

4 이 글에서 알 수 있는 내용으로 알맞은 것은 어느 것인가요?　　　　　　(　　　)

① 입양의 뜻　　　　　　　　② 입양의 순서

③ 입양의 조건　　　　　　　④ 입양의 혜택

⑤ 입양 담당 기관

5 입양 가족에게 상처를 주는 것으로 알맞은 것은 어느 것인가요? ( )

① 입양아의 반항

② 복잡한 입양 절차

③ 까다로운 입양 조건

④ 입양 담당 기관의 부족

⑤ 사람들의 부정적인 시선

6 오늘날 다양한 형태의 가족이 가진 공통점으로 알맞은 것은 어느 것인가요? ( )

① 법을 통해 가족을 이루었다.

② 한집에서 같이 살지 않는다.

③ 가족 구성원의 수가 매우 적다.

④ 가족 구성원이 서로 아끼며 사랑한다.

⑤ 부모와 자식 외에 다른 가족이 더 있다.

7 입양이 가치 있는 까닭을 바르게 설명한 사람의 이름을 모두 쓰세요.

> • 승훈: 남들이 대단하다고 칭찬해 주기 때문이야.
> • 윤호: 불쌍한 아이를 키우는 것은 좋은 일이기 때문이야.
> • 선하: 아이들이 새 가족과 사랑을 나눌 수 있기 때문이야.
> • 지아: 가정이 필요한 아이들에게 울타리를 제공하는 것이기 때문이야.

( )

사랑으로 맺는 가족, 위탁 가정

가정 위탁이란 부모의 질병·이혼·사망·학대 등의 이유로 친가정에서 아동을 키울 수 없을 경우, 위탁 가정에서 정해진 기간 동안 아동을 양육했다가 다시 친가정으로 돌아갈 수 있도록 지원하는 제도입니다. 최근에는 다양한 형태의 가족이 증가하면서 위탁 가정 또한 새로운 가족의 형태로 등장하여 도움이 필요한 아이들에게 도움의 손길을 내밀고 있습니다.

1 다음의 뜻을 가진 낱말을 보기 에서 찾아 쓰세요.

> 보기   미덥다   건전하다   그릇되다   존중하다

(1) 믿음이 가는 데가 있다.   (   )

(2) 높이어 귀중하게 대하다.   (   )

(3) 어떤 일이 이치에 맞지 아니하다.   (   )

(4) 사상이나 사물 따위의 상태가 한쪽으로 치우치지 않고 정상적이며 위태롭지 아니하다.

                                                     (   )

2 다음 낱말의 뜻으로 알맞은 것을 선으로 이어 보세요.

(1)   걸림돌   •   • ㉠   건축물의 기둥을 받쳐 주는 돌.

(2)   주춧돌   •   • ㉡   길을 걸을 때 걸려 방해가 되는 돌.

(3)   징검돌   •   • ㉢   징검다리를 만들기 위하여 놓은 돌.

3 다음 문장에서 '따갑다'와 '따뜻하다'가 어떤 뜻으로 사용되었는지 번호를 쓰세요.

(1)

> 따갑다   ① 눈길이나 충고 따위가 매섭고 날카롭다.
> ② 살을 찌르는 듯이 아픈 느낌이 있다.

    사람들이 그의 잘못을 <u>따갑게</u> 비판했다.   (   )

    발바닥이 <u>따가운</u> 걸 보니 가시에 찔린 것 같다.   (   )

(2)

> 따뜻하다   ① 덥지 않을 정도로 온도가 알맞게 높다.
> ② 감정, 태도, 분위기 따위가 정답고 포근하다.

    봄이 되자 <u>따뜻한</u> 햇살이 들판을 비추었다.   (   )

    아이는 가족들의 <u>따뜻한</u> 보살핌 덕에 행복한 하루를 보냈다.   (   )

미래의 또 다른 가족, 반려 로봇

매체 독해 다음 신문 기사를 읽고, 물음에 답해 봅시다.

□□□뉴스 　　　뉴스 홈 | 세계 | 정치 | **사회** | 경제 | 스포츠 | 연예

새로운 가족, 펫팸족

가정의 달 특집

작성일: 20○○년 5월 ○○일

　최근 한 조사 결과에 따르면 국민 10명 중 7명은 반려동물을 가족이라고 여기는 것으로 나타났습니다. 10명 중 3명은 실제로 반려동물을 키우고 있으며, 개를 키우는 가정이 가장 많았고 고양이가 그 뒤를 이었습니다.

반려동물 키우고 있나요? 🔍

29% 키우고 있다

71% 키우지 않고 있다

　2000년대 이후 사회가 변화하면서 반려동물을 가족처럼 여기는 사람이 증가하였습니다. 이러한 사람들을 '펫팸족'이라고 하는데, '펫팸'은 반려동물을 뜻하는 '펫'과 가족을 뜻하는 '패밀리'가 합쳐진 말입니다. 이들은 반려동물을 애완동물이 아닌 진짜 가족이라고 생각합니다. 고양이를 키우고 있는 심○○ 씨는 "마리는 그냥 고양이가 아니에요. 마리는 혼자 살고 있는 저에게 하나밖에 없는 가족입니다. 마리는 늘 제 곁에서 힘이 되고 위로가 되어 주고 있거든요."라고 말하며 반려동물에 대한 애정을 드러냈습니다.

---

1 '펫팸족'이라는 말은 무엇을 뜻하는 말인지 빈칸에 알맞은 낱말을 쓰세요.

펫	+	팸(패밀리)	+	족
				사람들

2 신문 기사의 내용으로 알맞은 것에는 ○표, 알맞지 <u>않은</u> 것에는 ×표 하세요.

(1) 국민 10명 중 3명은 실제로 반려동물을 키우고 있다. 　　　　　　(　　　)

(2) 펫팸족은 반려동물을 소중한 애완동물 정도로 생각한다. 　　　　　(　　　)

(3) 반려동물을 키우는 가정 중 고양이를 키우는 가정이 가장 많다. 　　(　　　)

'반려 로봇'이라는 말을 들어 본 적이 있나요? 반려 로봇은 '반려'와 '로봇'을 합친 말로, 여기서 반려는 '생각이나 행동을 함께하는 짝'을 뜻합니다. 보통은 곁에서 마음을 나누고 ❶희로애락을 함께하는 동물과 붙여 쓰는데, '로봇'에 '반려'라는 말을 붙여 쓴다니 어색하게 느껴질 수 있습니다. 하지만 반려 로봇은 ❷인공 지능(AI)을 기반으로 사람을 인식하고, 감정적으로 반응하는 기술을 바탕으로 인간의 ❸동반자로서 '반려'의 역할을 톡톡히 하고 있습니다.

최근에는 반려 로봇이 1인 가구나 고령의 어르신들로만 이루어진 가족 등 다양한 가족의 곁에서 가족 구성원의 역할을 하고 있습니다. ［　　　　㉠　　　　］ 식사 준비나 집안일을 도와주고, 책을 읽어 주기도 하고, 먼저 말을 걸거나 짧은 질문에 대답하며 대화 상대가 되어 주기도 합니다. 단순히 명령하는 말에만 반응하는 것이 아니라, 머리를 쓰다듬거나 등을 어루만지면 반응을 보이기도 하여 사람과 ❹교감할 수도 있습니다.

또한 우울증이 있는 사람, ❺치매를 앓는 노인과 같이 반려동물을 돌볼 수 없는 상황에 있는 사람에게도 유용하게 활용되고 있습니다. 반려 로봇은 이들 곁에서 약을 복용할 시간을 알려 주는 등 건강 관리에 도움을 줄 뿐만 아니라 교감을 통해 심리적·정서적 안정을 주기도 합니다. 기존의 로봇은 인간을 대신해 일을 하거나 생활에 도움을 주며 편리함을 제공하는 역할을 주로 해 왔습니다. 하지만 반려 로봇은 이러한 기존 로봇의 역할에 사람이 만지면 대답도 하고 반응하며 ❻상호 작용을 하는 역할까지 더하게 되면서 반려동물과 로봇 그 이상의 역할을 하고 있습니다.

반려 로봇과 함께하는 일상은 더 이상 먼 미래의 이야기가 아닙니다. 현대 사회에서 가족의 범위가 점차 넓어지고 있는 만큼, 표정으로 감정을 읽고 보듬어 주며 상대방을 이해하려고 노력하는 반려 로봇은 미래의 우리가 마주할 또 다른 가족 구성원입니다.

----

❶ **희로애락**: 기쁨과 노여움과 슬픔과 즐거움.
❷ **인공 지능**: 인간의 지능이 가지는 학습·추리·적응 따위의 기능을 갖춘 컴퓨터 시스템.
❸ **동반자**: 어떤 행동을 할 때 짝이 되어 함께하는 사람.
❹ **교감**: 서로 접촉하여 따라 움직이는 느낌.
❺ **치매**: 지능·의지·기억 따위의 정신적인 능력이 상실되는 병.
❻ **상호 작용**: 사람이 다른 사람이나 사물과 서로 관계를 맺는 모든 과정과 방식.

1 이 글의 짜임을 바르게 나눈 것을 골라 기호를 쓰세요.

(가)	1문단	2문단	3문단, 4문단
(나)	1문단	2문단, 3문단	4문단
(다)	1문단, 2문단	3문단	4문단

(   )

2 이 글의 중심 내용으로 알맞은 것은 어느 것인가요?   (   )

① 반려동물의 역할

② 로봇의 다양한 기능

③ 인공 지능(AI)의 발달 과정

④ 혼자 사는 가족이 겪는 어려움

⑤ 인간의 동반자 역할을 하는 반려 로봇

3 ㉠에 들어갈 이어 주는 말로 알맞은 것은 어느 것인가요?   (   )

① 반면   ② 그래서   ③ 그러나

④ 왜냐하면   ⑤ 예를 들어

4 이 글에 나온 반려 로봇의 역할로 알맞지 <u>않은</u> 것은 어느 것인가요?   (   )

① 책 읽어 주기   ② 식사 준비 도와주기

③ 대화 상대 되어 주기   ④ 반려동물 보살펴 주기

⑤ 약 복용 시간 알려 주기

5 반려 로봇이 기존의 로봇과 가장 <u>다른</u> 점은 어느 것인가요? ( )

① 명령어에만 반응한다.

② 인간을 대신해 일을 한다.

③ 생활이 편리해지도록 도와준다.

④ 사람이 먼저 말을 걸면 대답한다.

⑤ 감정적으로 반응하여 사람과 교감한다.

6 다음은 미래가 글을 읽고 든 생각을 말한 것입니다. 밑줄 친 부분에 들어갈 알맞은 말을 보기 에서 골라 기호를 쓰세요.

반려 로봇에 대해 더 찾아보니, 반려 로봇은 사람의 기분이 우울하다고 판단되면 신나는 노래를 틀어 기분 전환을 돕기도 하고, 외로움을 느끼는 사람에게 심리적 안정을 주기도 한대. 이제 반려 로봇은 _____ 자리 잡을 수 있을 것 같아.

> 보기   ㉠ 미래의 새로운 가족 구성원으로
> ㉡ 일상의 편리함을 더하는 생활용품으로
> ㉢ 1인 가구의 수가 많아지게 하는 원인으로
> ㉣ 노인이 된 가족을 돌보지 않을 수 있게 하는 수단으로

( )

7 반려 로봇에 대한 설명으로 알맞은 것에는 ○표, 알맞지 <u>않은</u> 것에는 ×표 하세요.

(1) 기존의 로봇에 비해 가격이 저렴하다. ( )

(2) 사람의 표정을 보고 감정을 읽을 수 있다. ( )

(3) 반려동물을 돌볼 수 없는 사람에게 활용되고 있다. ( )

배경 +지식 넓히기

애교를 부리는 로봇 식물

반려 식물에 로봇의 기술이 더해져 사람과 즉각적으로 교감할 수 있는 로봇 식물이 등장하였습니다. 로봇 식물은 식물의 신호를 받아들여 스스로 햇빛이 잘 드는 곳으로 움직이며, 물이 필요하면 발을 구르고, 책상에서 일을 하고 있으면 놀아 달라는 듯한 몸짓을 보이기도 합니다.

1 다음 빈칸에 들어갈 말의 뜻을 보고, 알맞은 낱말을 보기 에서 찾아 쓰세요.

> **보기**   교감   치매   동반자   인공 지능

(1) 여행에서는 누가 _____ 인지가 중요하다.
└ 어떤 행동을 할 때 짝이 되어 함께하는 사람.

(2) 어항 속 금붕어와 대화를 하면서 _____ 하는 느낌이 들었다.
└ 서로 접촉하여 따라 움직이는 느낌.

(3) 요즘 _____ 기술이 적용된 상품 개발이 활발히 이루어지고 있다.
└ 인간의 지능이 가지는 학습·추리·적응 따위의 기능을 갖춘 컴퓨터 시스템.

(4) 할아버지께서 _____ 에 걸리셔서 나를 못 알아보실 때가 있어 속상하다.
└ 지능·의지·기억 따위의 정신적인 능력이 상실되는 병.

2 다음 문장에 들어갈 말을 바르게 쓴 것에 ○표 하세요.

(1) 각자 맡은 바 (역할 / 역활)을 다해야 한다.

(2) 뜨거운 (찌개 / 찌게)를 먹다가 입을 데었다.

(3) 우리는 사이좋게 (떡볶기 / 떡볶이)를 나누어 먹었다.

3 다음 밑줄 친 말과 비슷한 뜻을 가진 낱말을 보기 에서 찾아 기호를 쓰세요.

> **보기**   ㉠ 희   ㉡ 로   ㉢ 애   ㉣ 락

(1) 집에 가면 항상 강아지가 반겨 줘서 기쁘다.   (   )

(2) 나를 키워 주신 할머니가 돌아가셔서 너무 슬프다.   (   )

(3) 친구가 나에 대해 나쁜 소문을 내서 정말 화가 난다.   (   )

(4) 한 달에 한 번 가족 모두가 캠핑을 갈 때가 가장 즐겁다.   (   )

만나고 싶어도 만날 수 없는 가족이 있어요

 **매체 독해** 다음 초대장을 보고, 물음에 답해 봅시다.

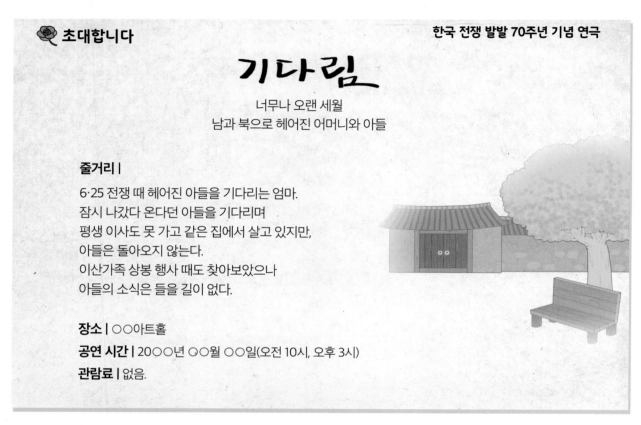

🌹 **초대합니다**

한국 전쟁 발발 70주년 기념 연극

기다림

너무나 오랜 세월
남과 북으로 헤어진 어머니와 아들

줄거리 |

6·25 전쟁 때 헤어진 아들을 기다리는 엄마.
잠시 나갔다 온다던 아들을 기다리며
평생 이사도 못 가고 같은 집에서 살고 있지만,
아들은 돌아오지 않는다.
이산가족 상봉 행사 때도 찾아보았으나
아들의 소식은 들을 길이 없다.

장소 | ○○아트홀
공연 시간 | 20○○년 ○○월 ○○일(오전 10시, 오후 3시)
관람료 | 없음.

---

1 위의 초대장에서 다음과 같은 가족을 일컫는 말을 찾아 쓰세요.

> 남북 분단 따위의 사정으로 이리저리 흩어져서 서로 소식을 모르는 가족

(   )

2 이 초대장에서 알 수 있는 연극의 중심 내용으로 알맞은 것은 무엇인가요? (   )

① 6·25 전쟁으로 헤어진 이산가족의 슬픔

② 실종된 엄마를 기다리는 아들의 간절한 마음

③ 더 넓은 집으로 이사를 가고 싶은 부부의 소망

④ 가난하기 때문에 헤어져 살 수밖에 없는 사람들의 아픔

⑤ 우리나라의 광복을 위해 목숨을 바친 독립투사들의 귀중한 희생

　우리나라가 남한과 북한으로 나뉘기 전에는 모든 사람이 자유롭게 남과 북을 오고 갈 수 있었습니다. 그러나 6·25 전쟁 이후, 남한과 북한이 휴전선을 사이에 두고 대치하게 되면서 더 이상 서로 오갈 수 없게 되었습니다. 이 때문에 많은 가족들이 서로 헤어져 살게 되었고, 이렇게 헤어져 소식도 모르고 만나지 못하는 가족을 우리는 '이산가족'이라고 부릅니다.

　전쟁이 끝난 지 70여 년이 지났지만, 이산가족들은 여전히 전쟁의 상처를 간직하며 살아가고 있습니다. 이산가족들은 대부분 ❶피난하는 중에 엄청난 ❷인파 속에서 이별하였으며, 전쟁 중에 형제가 각각 남과 북의 군인이 되어 서로를 향해 총을 ㉠겨루는 일도 일어났습니다. 또한 극심한 빈곤에 시달리다가 가족을 다른 집의 ❸식모로 보내기도 했고, 혼란한 와중에 고아가 되거나 해외로 입양된 사람들도 많았습니다. 이러한 사정으로 수많은 사람이 전쟁 중 헤어진 가족의 ❹생사조차 알 수 없게 되었고, 시간이 오래 지나면서 생존자의 대부분이 고령으로 그 삶을 다하였습니다.

　1980년대에는 최초로 남북 이산가족 ❺상봉이 이루어졌는데, 이때 한 방송사에서 이산가족 찾기 방송을 내보내면서 이산가족들의 가슴 아픈 사연이 전 국민에게 깊은 울림을 주었습니다. 많은 사람들이 이산가족의 아픔에 공감하고, 이산가족 문제를 함께 해결하기 위하여 지속적인 관심을 가져야 함을 깨닫게 되었습니다.

　이산가족 문제는 특정 개인의 문제나 정치적인 문제가 아니라, 우리가 해결해야 할 사회적 문제입니다. 이를 해결하기 위해 가장 중요한 것은 원하지 않는 이별로 전쟁의 상처를 안고 살아가는 사람들의 아픔을 이해하는 것입니다. 또한 정치적인 ❻이념에서 벗어나 민족의 ❼동질성을 회복하고, 전쟁의 아픔을 치유하기 위해 노력하는 것이 중요합니다. 하루빨리 이산가족들이 그리운 가족의 얼굴을 가까이에서 볼 수 있는 날이 오기를 ㉡바랍니다.

---

❶ **피난**: 재난을 피해 멀리 옮겨 감.
❷ **인파**: 사람의 물결이라는 뜻으로, 수많은 사람을 이르는 말.
❸ **식모**: 남의 집에 고용되어 주로 부엌일을 맡아 하는 여자.
❹ **생사**: 삶과 죽음을 아울러 이르는 말.
❺ **상봉**: 서로 만남.
❻ **이념**: 이상적인 것으로 여겨지는 생각이나 견해.
❼ **동질성**: 사람이나 사물의 바탕이 같은 성질이나 특성.

1 이 글의 중심 낱말로 알맞은 것은 어느 것인가요? ( )

① 이별   ② 전쟁   ③ 휴전선

④ 남북통일   ⑤ 이산가족

2 이 글의 중심 내용으로 알맞은 것은 어느 것인가요? ( )

① 남한과 북한은 통일을 해야만 한다.

② 이산가족 문제를 해결하기 위해 함께 노력해야 한다.

③ 이산가족은 더 이상 서로 만날 수 없다는 현실을 인정해야 한다.

④ 방송사는 이산가족 찾기에 앞장서는 프로그램을 많이 만들어야 한다.

⑤ 남북이 정치적으로 대립하는 상황이 생길 때에는 우리가 반드시 이겨야 한다.

3 6·25 전쟁 중에 이산가족이 생기게 된 상황으로 알맞지 <u>않은</u> 것은 어느 것인가요?

( )

① 가족과 떨어져 해외로 입양되면서

② 엄청난 피난 인파 속에서 헤어지면서

③ 형제가 각각 남과 북의 군인이 되면서

④ 가족을 다른 집의 식모로 떠나보내면서

⑤ 남매가 외국으로 유학의 길을 떠나면서

4 이산가족이 겪는 아픔과 어려움을 바르게 설명한 사람의 이름을 모두 쓰세요.

> • 지혜: 이산가족들은 자신들이 원하지 않는 이별을 겪었어.
> • 정환: 세월이 많이 흘렀지만 이산가족들은 아직도 전쟁의 상처를 간직하고 있어.
> • 태호: 대부분 나이가 어려 이산가족 상봉이 이루어질 날만을 손꼽아 기다리고 있어.

( )

5 이산가족 문제를 해결하기 위한 노력으로 알맞은 것에는 ○표, 알맞지 <u>않은</u> 것에는 ×표 하세요.

(1) 우리 민족의 동질성을 되찾기 위하여 노력해야 한다. ( )

(2) 지속적인 관심을 가지고 함께 해결하기 위하여 노력해야 한다. ( )

(3) 이산가족의 아픔에 공감하기보다 정치적 해결 방법을 찾는 것이 더 중요하다.

( )

6 이 글에서 알 수 있는 내용으로 알맞지 <u>않은</u> 것은 어느 것인가요? ( )

① 수많은 이산가족이 서로의 생사를 모른 채 살고 있다.

② 1980년대에 최초로 남북 이산가족 상봉이 이루어졌다.

③ 6·25 전쟁으로 남과 북을 자유롭게 오갈 수 없게 되었다.

④ 방송사를 통해 이산가족 찾기 방송이 방영되기도 하였다.

⑤ 이산가족 문제는 아픔을 겪는 개인의 문제라고 볼 수 있다.

7 ㉠, ㉡을 바르게 고쳐 쓰세요.

㉠: 겨루는 → ( ), ㉡: 바랩니다 → ( )

유네스코 세계 기록 유산, KBS '이산가족을 찾습니다'

KBS 특별 생방송 '이산가족을 찾습니다'는 6·25 전쟁으로 헤어진 채 소식이 끊기거나 만날 수 없게 된 이산가족의 아픔이 고스란히 담긴 기록물입니다. 이 프로그램은 무려 138일 동안 생방송으로 진행되었으며, 진정성, 독창성, 세계적 중요성을 인정받아 유네스코 세계 기록 유산에 등재되었습니다.

1 다음 낱말의 뜻으로 알맞은 것을 선으로 이어 보세요.

(1) 상봉 •   • ㉠ 서로 만남.

(2) 식모 •   • ㉡ 수많은 사람을 이르는 말.

(3) 이념 •   • ㉢ 재난을 피해 멀리 옮겨 감.

(4) 인파 •   • ㉣ 이상적인 것으로 여겨지는 생각이나 견해.

(5) 피난 •   • ㉤ 남의 집에 고용되어 주로 부엌일을 맡아 하는 여자.

2 다음 문장에 들어갈 말을 바르게 쓴 것에 ○표 하세요.

(1) 민희는 피자빵을 세 조각으로 (나누었다 / 나뉘었다).

(2) 성훈이는 자기를 (부르는 / 불르는) 소리를 듣고도 모른 척하였다.

(3) 수학 숙제를 끝냈다. (이로서 / 이로써) 놀이터에 놀러 갈 수 있게 되었다.

3 다음 낱말의 뜻을 보고, 문장에 들어갈 알맞은 낱말을 찾아 쓰세요.

대치	서로 맞서서 버팀.
배치	서로 반대로 되어 어그러지거나 어긋남.

(1) 휴전선을 사이에 두고 병사들이 _____ 하고 있다.

(2) 서로가 _____ 되는 주장만 내세우니 회의가 잘 진행되지 않는다.

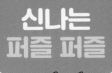
낱말판의 가로, 세로, 대각선에 숨어 있는 낱말을 찾으며,
주제6에서 공부한 용어의 뜻을 다시 한번 떠올려 봐요.

미	상	호	작	용	사	랑	폐	백
재	인	사	가	나	모	자	회	사
현	족	공	화	관	관	모	존	피
동	두	부	지	생	대	중	이	난
질	리	교	감	능	율	편	산	북
성	사	결	풍	활	견	사	가	한
려	혼	수	요	입	양	가	족	가
식	사	예	절	고	령	화	소	족

힌트

❶ 부부가 되기를 약속하는 의식. [비슷] 혼례

❷ 신부가 처음으로 시부모를 뵐 때 큰절을 하고 올리는 물건. 또는 그런 일. [예] □□을 드리다.

❸ 옛날 벼슬아치들의 복장이었으나, 전통 혼례 때 신랑이 입기도 한 옷차림.

❹ 공정하지 못하고 한쪽으로 치우친 생각. [예] □□을 버리다.

❺ 사람이 다른 사람이나 사물과 서로 관계를 맺는 모든 과정과 방식.

❻ 혈연관계가 아닌 아이를 데려와 부모와 자식의 관계를 맺어 키울 수 있게 법적으로 인정해 주는 제도.

❼ 인간의 지능이 가지는 학습·추리·적응 따위의 기능을 갖춘 컴퓨터 시스템.

❽ 재난을 피해 멀리 옮겨 감.

❾ 사람이나 사물의 바탕이 같은 성질이나 특성. [반대] 이질성

❿ 남북 분단 따위의 사정으로 이리저리 흩어져서 서로 소식을 모르는 가족. [예] □□□□ 상봉

하루한장 앱은 이렇게 활용해요!

하루와 함께 잡는
바른 공부 습관

1 하루한장 앱 설치

먼저 교재 표지의 QR 코드를
찍어 하루한장 앱을 설치해요.

2 하루한장 앱 실행

교재를 등록한 후, 매일매일 학습을 끝내고
스마트폰으로 하루한장 앱을 열어요.

3 QR 코드 스캔

교재의 정답 확인
QR 코드를 찍어요.

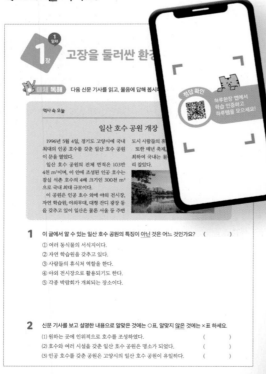

4 학습 인증

학습 완료를 인증하고
하루템을 모아요.

하루템을 모두 모아 골든티켓이 생기면
하루랜드에서 선물로 교환할 수 있어요.

하루 한장 독해

비문학 독해
사회편 3단계 (3, 4학년)

www.mirae-n.com

학습하다가 이해되지 않는 부분이나 정오표 등의
궁금한 사항이 있나요?
미래엔 홈페이지에서 해결해 드립니다.

교재 내용 문의
나의 교재 문의 | 수학 과외쌤 | 자주하는 질문 | 기타 문의

교재 자료 및 정답
동영상 강의 | 쌍둥이 문제 | 정답과 해설 | 정오표

		초등학교
학년	반	이름

하루 한장 독해

비문학 독해

사회편 1단계~6단계　　**과학편** 1단계~6단계

• 초등학교 사회·과학 교과 연계 주제 선정으로 학습 자신감을 기르는 독해
• 언어 환경에 따른 바른 정보 분석과 비판적 수용 능력을 기르는 독해
• 자기 주도적인 심화 학습이 가능한 블렌디드 러닝 독해

하루 한장 독해

사회편 3단계
(3, 4학년)

1 사회 영역 배경지식 확장과 비문학 독해력 향상
초등 사회 교과와 연계하여 선정한 주제로 배경지식을 확장하고 비문학 독해 실력을 향상합니다.

2 매체 정보를 분석하는 미디어 문해력 강화
각종 매체가 제공하는 자료의 정보를 바르게 분석하고 비판적으로 수용하는 능력을 강화합니다.

3 심화 학습이 가능한 블렌디드 러닝 제공
QR 코드를 통해 제공되는 최신 기사 및 영상 자료, 관련 도서 등으로 심화 학습이 가능합니다.

MiraeN 에듀

신뢰받는 미래엔
미래엔은 "Better Content, Better Life" 미션 실행을 위해 탄탄한 콘텐츠의 교과서와 참고서를 발간합니다.

소비자의 선택
The Best Brand of the
Chosen by CONSUMER

국가 소비자중심
브랜드 대상

소통하는 미래엔
미래엔의 [도서 오류] [정답 및 해설] [도서 내용 문의] 등은 홈페이지를 통해서 확인이 가능합니다.

Contact Mirae-N
www.mirae-n.com
(우)06532 서울시 서초구 신반포로 321
1800-8890

제조자명: ㈜미래엔
주소: 서울시 서초구 신반포로 321
제조국명: 대한민국
KC마크는 이 제품이 공통안전기준에 적합하였음을 의미합니다.

정가 10,000원
63710
9 791168 410572
ISBN 979-11-6841-057-2

초등학교
학년 반
이름

분수 2권
초등학교 5~6학년

- ▶ 약수와 배수, 약분과 통분
- ▶ 분모가 다른 분수의 덧셈과 뺄셈
- ▶ 분수의 곱셈
- ▶ 분수의 나눗셈

:

소수 1권
초등학교 3~4학년

- ▶ 소수 한, 두, 세 자리 수
- ▶ 소수의 크기 비교
- ▶ 소수의 덧셈과 뺄셈
- ▶ 분수와 소수가 있는 덧셈과 뺄셈

:

소수 2권
초등학교 5~6학년

- ▶ 소수의 곱셈
- ▶ 소수를 자연수로 나누는 나눗셈
- ▶ 소수끼리의 나눗셈
- ▶ 자연수를 소수로 나누는 나눗셈

:

개념과 **연산 원리**를 집중하여
한 번에 잡는 **쏙셈 영역 학습서**

하루 한장 쏙셈
분수·소수 시리즈

하루 한장 쏙셈 분수·소수 시리즈는
학년별로 흩어져 있는 분수·소수의 개념을
연결하여 집중적으로 학습하고,
재미있게 연산 원리를 깨치게 합니다.

하루 한장 쏙셈 분수·소수 시리즈로
초등학교 분수, 소수의 탁월한 감각을 기르고,
중학교 수학에서도 자신있게 실력을 발휘해 보세요.

분수 1권
초등학교 3~4학년

> **분수의 뜻**
- - - - - - - - - - - - - - - - - - -
> **단위분수, 진분수, 가분수, 대분수**
- - - - - - - - - - - - - - - - - - -
> **분수의 크기 비교**
- - - - - - - - - - - - - - - - - - -
> **분모가 같은 분수의 덧셈과 뺄셈**

⋮

3학년 1학기 _ 분수와 소수
3학년 2학기 _ 분수
4학년 2학기 _ 분수의 덧셈과 뺄셈

초등학교에서 탄탄하게 닦아 놓은
공부력이 중·고등 학습의 실력을 가릅니다.

하루한장 쏙셈

쏙셈 시작편
초등학교 입학 전 연산 시작하기
[2책] 수 세기, 셈하기

쏙셈
교과서에 따른 수·연산·도형·측정까지 계산력 향상하기
[12책] 1~6학년 학기별

창의력 쏙셈
문장제 문제부터 창의·사고력 문제까지 수학 역량 키우기
[12책] 1~6학년 학기별

쏙셈 분수·소수
3~6학년 분수·소수의 개념과 연산·원리를 집중 훈련하기
[분수 2책, 소수 2책] 1~2권

하루한장 한자

그림 연상 한자로 교과서 어휘를 익히고 급수 시험까지 대비하기
[총12책] 1~6학년 학기별

하루한장 ENGLISH BITE

ENGLISH BITE 알파벳 쓰기
알파벳을 보고 듣고 따라쓰며 읽기·쓰기 한 번에 끝내기
[1책]

ENGLISH BITE 파닉스
자음과 모음 결합 과정의 발음 규칙 학습으로
영어 단어 읽기 완성
[2책] 자음과 모음, 이중자음과 이중모음

ENGLISH BITE 사이트 워드
192개 사이트 워드 학습으로 리딩 자신감 키우기
[2책] 단계별

ENGLISH BITE 영문법
문법 개념 확인 영상과 함께 영문법 기초 실력 다지기
[Starter 2책 , Basic 2책] 3~6학년 단계별

ENGLISH BITE 영단어
초등 영어 교육과정의 학년별 필수 영단어를
다양한 활동으로 익히기
[4책] 3~6학년 단계별

하루한장 한국사

큰별★쌤 최태성의 한국사
최태성 선생님의 재미있는 강의와 시각 자료로
역사의 흐름과 사건을 이해하기
[3책] 3~6학년 시대별

미래엔 초등 도서 목록

초등 교과서 발행사 미래엔의 교재로 초등 시기에 길러야 하는 공부력을 강화해 주세요.

초코

초등 공부의 핵심[CORE]를 탄탄하게 해 주는
슬림 & 심플한 교과 필수 학습서
[8책] 국어 3~6학년 학기별, [12책] 수학 1~6학년 학기별
[8책] 사회 3~6학년 학기별, [8책] 과학 3~6학년 학기별

문제 해결의 길잡이

원리 8가지 문제 해결 전략으로 문장제와 서술형 문제 정복
[12책] 1~6학년 학기별

심화 문장제 유형 정복으로 초등 수학 최고 수준에 도전
[6책] 1~6학년 학년별

퍼즐런

초등 필수 어휘를 퍼즐로 재미있게 키우는 학습서
[3책] 사자성어, 속담, 맞춤법

하루한장 예비 초등

한글완성
초등학교 입학 전 한글 읽기·쓰기 동시에 끝내기
[3책] 1. 기본 자모음, 2. 받침, 3. 복잡한 자모음

예비초등
기본 학습 능력을 향상하며 초등학교 입학을 준비하기
[4책] 국어, 수학, 통합교과, 학교생활

하루한장 독해

독해 시작편
초등학교 입학 전 기본 문해력 익히기 30일 완성
[2책] 문장으로 시작하기, 짧은 글 독해하기

어휘
문해력의 기초를 다지는 초등 필수 어휘 학습서
[6책] 1~6단계

독해
국어 교과서와 연계하여 문해력의 기초를 다지는 독해 기본서
[6책] 1~6단계

독해➕플러스
본격적인 독해 훈련으로 문해력을 향상시키는 독해 실전서
[6책] 1~6단계

비문학 독해 (사회편·과학편)
비문학 독해로 배경지식을 확장하고 문해력을 완성시키는
독해 심화서
[사회편 6책, 과학편 6책] 1~6단계

문장제 해결력 강화

문해길

문제 해결의 길잡이

문해길 시리즈는

문장제 해결력을 키우는 상위권 수학 학습서입니다.
문해길은 8가지 문제 해결 전략을 익히며
수학 사고력을 향상하고,
수학적 성취감을 맛보게 합니다.
이런 성취감을 맛본 아이는
수학에 자신감을 갖습니다.
수학의 자신감, 문해길로 이루세요.

상위권 수학 학습서
Steady Seller

수학 상위권 진입을 위한 문장제 해결력 강화

문제 해결의 길잡이 원리

수학 5-2

문·해·길   수학의 자신감!
❶ 문제 분석을 통한 수학 독해력 자신감 기르기
❷ 문제 해결 전략 수립으로 문장제 자신감 기르기
❸ 문장제 유형 정복으로 고난도 수학 자신감 기르기

문제 풀이
동영상 제공

MiraeN 에듀

상위권 수학 학습서
Steady Seller

수학 상위권 진입을 위한 문장제 해결력 강화

문제 해결의 길잡이 원리

수학 5-1

문·해·길   수학의 자신감!
❶ 문제 분석을 통한 수학 독해력 자신감 기르기
❷ 문제 해결 전략 수립으로 문장제 자신감 기르기
❸ 문장제 유형 정복으로 고난도 수학 자신감 기르기

문제 풀이
동영상 제공

MiraeN 에듀

문해길 원리를 공부하고, 문해길 심화에 도전해 보세요!
원리로 닦은 실력이 심화에서 빛이 납니다.

문해길 원리

문장제 해결력 강화
1~6학년 학기별 [총12책]

문해길 심화

고난도 유형 해결력 완성
1~6학년 학년별 [총6책]

구성보기

원리 3-1

심화 3

바른답·
알찬풀이

고장을 둘러싼 환경

매체 독해

● 9쪽

★ **어떤 매체 자료일까요?**

인공 호수를 갖춘 일산 호수 공원의 개장 소식을 전한 신문 기사입니다.

1 ①
2 (1) ○ (2) ○ (3) ✕

1 신문 기사에서 일산 호수 공원은 야외 전시장과 자연 학습원을 갖추고 있고, 사람들의 휴식처, 축제 및 박람회 등의 개최 장소로 활용되었다고 하였습니다.

2 (3) 일산 호수 공원의 인공 호수가 국내 최대 크기인 것은 알 수 있지만 유일한 인공 호수인지는 알 수 없습니다.

글 독해

● 10~11쪽

★ **어떤 글일까요?**

환경의 의미를 설명하고, 환경을 이루는 자연환경과 인문 환경의 뜻과 종류를 살펴보는 글입니다.

★ **문단 요약**

1문단	환경의 의미
2문단	자연환경의 뜻과 종류
3문단	인문 환경의 뜻과 종류

1 ⑤ **2** ③
3 (△)(○)(○)(△)
4 ② **5** (1) 인문 환경 (2) 자연환경

1 산, 바다, 날씨는 자연환경이고, 문화는 인문 환경입니다. 이러한 자연환경과 인문 환경을 모두 포함하여 우리 주변의 모든 것을 환경이라고 하였습니다.

2 1문단에서 환경의 의미를 설명하고, 2문단에서 환경의 한 종류인 자연환경을, 3문단에서 환경의 다른 한 종류인 인문 환경을 설명하였습니다.

3 산, 바다 등과 같은 땅의 생김새는 지형이라고 하였고, 눈과 비, 우박 등 날씨와 계절에 영향을 주는 것은 기후라고 하였습니다.

4 ① 2문단에서 지형과 기후는 끊임없이 변화한다고 하였으며, ③ 기후는 그날그날의 날씨가 어떤 장소에서 여러 해에 걸쳐 나타나는 것을 모아 평균을 낸 것이라고 하였습니다. ④ 3문단에서 도시가 발달하고 산업이 성장하면서 인문 환경이 많아졌다고 하였고, ⑤ 환경은 자연환경과 인문 환경을 포함하는 말로, 눈으로 볼 수 있느냐에 따라 구분하는 것이 아닙니다.

5 '들'은 그것이 자연 그대로의 '평지'를 가리킬 때에는 자연환경에 속하지만, 사람의 손길이 닿은 '논이나 밭'을 가리킬 때에는 인문 환경에 속합니다.

하루 어휘

● 12쪽

1 (1) 기온 (2) 강수량 (3) 간척 (4) 문화
2 (1) 자연적 (2) 인위적 (3) 평균적
3 (1) ① (2) ② (3) ② (4) ①

3 '대기'가 ①의 뜻으로 쓰일 때에는 '공기'와 마찬가지로 '마시다, 들이마시다'라는 말과 같이 잘 쓰입니다. ②의 뜻으로 쓰일 때에는 어떤 행동을 나타낼 때 주로 쓰입니다.

2장 우리 고장의 이름은 어떻게 지어졌을까요

● 13쪽

매체 독해

★ 어떤 매체 자료일까요?

서울 종로구에 있는 '피맛골'을 소개한 안내도 입니다. 피맛골의 지명 유래와 위치를 알 수 있습니다.

1 ⑤

2 ⓒ, ②

1 백성들이 큰길에서 양반을 만날 때마다 바닥에 엎드려 절을 해야 하는 일이 많아지자 아예 좁은 길로 돌아다녔던 역사적 사실에서 유래한 지명입니다.

2 피맛골은 옛날에 양반들이 오고가던 큰길을 피해 백성들이 다니던 좁은 길이라고 하였습니다.

글 독해

● 14~16쪽

★ 어떤 글일까요?

지명을 통해 고장의 유래와 특징을 설명한 글입니다. 자연환경, 생활 모습, 역사를 담고 있는 여러 지명들을 살펴볼 수 있습니다.

★ 문단 요약

1문단	고장의 유래와 특징이 담겨 있는 지명
2문단	자연환경과 관련된 지명
3문단	생활 모습과 관련된 지명
4문단	인물이나 역사와 관련된 지명

1 지명   **2** ⑤   **3** ④
4 (   )(   )(○)(   )(   )
5 ③, ⑤   **6** ⑤   **7** ②

1 이 글은 지명을 고장의 자연환경이나 생활 모습, 고장을 대표하는 인물이나 역사와 관련지어 짓는다는 것을 설명하였습니다.

2 이 글은 고장의 이름을 지을 때 고장의 자연 환경이나 생활 모습, 고장에서 있었던 일이 영향을 준다는 것을 설명하고 있습니다. 즉, 지명에는 고장의 유래와 특징이 담겨 있음을 설명하였습니다.

3 2문단에서 자연환경과 관련된 지명, 3문단에서 생활 모습과 관련된 지명, 4문단에서 고장을 대표하는 인물이나 역사와 관련된 지명에 대해 설명하였습니다. ④ 나라의 정책을 추진하면서 만든 지명은 나와 있지 않습니다.

4 장안평은 평야가 있던 곳으로 자연환경과 관련된 지명입니다. 마포는 나루터가 있던 곳, 잠실은 누에를 치던 곳으로 생활 모습과 관련된 지명입니다. '충무'는 이순신 장군과 관련된 지명, 장승배기는 역사와 관련된 지명입니다.

5 ①, ②에 대한 정확한 내용은 설명하고 있지 않습니다. ④ 2문단에서 우리나라는 산과 관련된 지명이 많다고 하였습니다.

6 '두물머리'는 고장을 흐르는 강과 관련된 지명이므로 고장의 자연환경과 관련된 지명입니다. 나머지는 모두 고장의 생활 모습과 관련된 지명입니다.

7 한탄강의 지명을 설명한 내용으로, 6·25 전쟁 때 이 지역의 한탄스러운 역사를 짐작할 수 있습니다.

하루 어휘

● 17쪽

1 (1) 유래 (2) 정책 (3) 장승 (4) 시호
2 (1) ○ (2) × (3) ×
3 (1) 곡, ① (2) 봉, ⓒ (3) 포, ⓒ (4) 악, ②

2 보기 와 (1)의 '고장'은 '기구나 기계가 제대로 움직이지 못하게 되는 기능상의 장애'를 뜻하는 말입니다. (2)와 (3)은 '사람이 많이 사는 지방이나 지역'을 뜻하는 말입니다.

고장의 지형을 이용하는 모습

매체 독해
• 18쪽

★ 어떤 매체 자료일까요?
자연환경을 이용한 경험을 볼 수 있는 사진첩입니다. 산, 바다, 하천, 들을 이용한 모습이 나타나 있습니다.

1 염전 체험하기

2 ㉢, ㉣

1 소금을 만드는 염전은 바닷물을 이용하기 때문에 바다가 있는 곳에 만들어집니다.

2 지아는 산으로 등산을 갔으며, 한강 공원에 가서 자전거를 탔습니다. ㉠, ㉡은 사진첩에서 확인할 수 없습니다.

글 독해
• 19~21쪽

★ 어떤 글일까요?
고장마다 다양한 생활 모습이 나타나는 까닭을 설명하고, 산, 들, 바다를 이용하는 사람들의 생활 모습을 소개하는 글입니다.

★ 문단 요약
1문단	고장마다 다양한 생활 모습이 나타나는 까닭
2문단	산을 이용하는 사람들의 생활 모습
3문단	들을 이용하는 사람들의 생활 모습
4문단	바다를 이용하는 사람들의 생활 모습

1 ②

2 (산)   (바다)
(지하자원)   (벼)   (염전)

3 ①   **4** 민아   **5** ⑤

6 (1) × (2) ○ (3) × (4) ○   **7** ②

1 사람들이 고장의 지형을 이용하여 다양한 모습으로 살아가는 것을 설명한 글입니다.

2 2문단에서 산이 많은 고장, 3문단에서 들이 펼쳐진 고장, 4문단에서 바다가 있는 고장의 생활 모습을 설명하였습니다.

3 고장마다 자연환경이 다르고, 사람들이 자연환경에 적응하거나 자연환경을 이용하는 모습이 다르기 때문에 생활 모습이 다르다고 하였습니다.

4 비닐하우스를 이용하거나 벼농사를 짓는 모습은 들이 있는 고장의 생활 모습입니다. 약초와 나물을 캐는 일은 산이 많은 고장에서 이루어진다고 하였습니다.

5 사진은 바다가 있는 고장의 모습입니다. ①, ④는 들이 펼쳐진 고장, ②, ③은 산이 많은 고장에서 주로 볼 수 있는 생활 모습입니다.

6 (1) 쌀을 재배하는 벼농사가 이루어지는 곳은 들이 넓은 고장입니다. (3) 들이 넓은 고장의 사람들은 주로 벼농사와 밭농사를 지으며 살아갑니다.

7 숲길을 따라 올라가다 보면 산림욕장이 나오고, 그곳에 소나무 숲과 야생화 단지가 있다고 하였으므로 사람들이 산지를 이용하는 모습을 설명한 글임을 알 수 있습니다.

하루 어휘
• 22쪽

1 (1) ㉢ (2) ㉡ (3) ㉠

2 (1) { 모레 / 모래 }   (2) { 자료 / 재료 }

3 (1) 비옥하다 (2) 잔잔하다 (3) 울창하다

3 '비옥하다'는 '땅이 걸고 기름지다.'를 뜻하고, '울창하다'는 '나무가 빽빽하게 우거지고 푸르다.'를 뜻하며, '잔잔하다'는 '바람이나 물결 따위가 가라앉아 잠잠하다.'를 뜻합니다.

4장 내가 사는 곳은 촌락일까요, 도시일까요

• 23쪽

매체 독해

★ 어떤 매체 자료일까요?

바다가 있는 고장에 살고 있는 미래의 누리 소통망(SNS)입니다. 고장에서 있을 풍어제 소식을 알리고 있습니다.

1 ㉠, ㉡
2 ④

1 풍어제는 어민들의 안전을 바라고, 물고기를 많이 잡게 해 달라고 지내는 제사라고 하였습니다.

2 미래는 바다가 있는 고장에 살고 있습니다. ①, ②는 산이 많은 고장, ③은 들이 펼쳐진 고장, ⑤는 도시에서 볼 수 있는 생활 모습입니다.

글 독해

• 24~26쪽

★ 어떤 글일까요?

촌락과 도시를 구분한 후, 촌락의 모습과 촌락의 종류, 도시의 모습에 대해 설명한 글입니다.

★ 문단 요약

1문단	촌락과 도시의 구분
2문단	촌락의 특징과 종류
3문단	도시의 특징
4문단	촌락과 도시의 공통점

1 촌락, 도시　　　　**2** ④
3 지아, 솔이
4 (1) 도 (2) 촌 (3) 촌 (4) 도
5 ③
6 (1) 산지촌 (2) 어촌 (3) 농촌
7 ②

1 이 글은 사람들이 살고 있는 곳을 크게 촌락과 도시로 나누어 그 특징을 설명하였습니다.

2 촌락에 대한 설명은 2문단에, 도시에 대한 설명은 3문단에 자세히 나와 있습니다. ④ 촌락과 도시에 대한 설명은 있지만 촌락이 도시에 미치는 영향은 확인할 수 없습니다.

3 촌락도 사람들이 일을 하며 살아가는 곳이므로 도로와 같은 인문 환경이 전혀 없는 것은 아닙니다. 또한 도시에서는 자연 상태 그대로의 나무나 숲을 보는 것이 쉽지 않다고 했을 뿐 전혀 볼 수 없다고 한 것은 아닙니다.

4 2문단에서 촌락에서는 건물, 도로 등의 인문 환경보다 들판, 숲, 나무와 꽃 등의 자연환경을 더 쉽게 볼 수 있다고 하였습니다. 3문단에서 도시에는 건물과 도로가 많고 자연 상태의 나무와 숲은 보기 어렵다고 하였습니다.

5 촌락의 사람들은 주로 자연에서 필요한 것을 직접 얻는 일을 한다고 하였습니다. 물건을 만들어 판매하는 일은 도시의 사람들이 주로 하는 일이라고 하였습니다.

6 2문단에서 촌락을 농촌, 어촌, 산지촌으로 구분하고 그곳의 주민들이 주로 하는 일을 설명하였습니다.

7 도시는 대부분의 땅이 건물과 도로로 메워져 있고, 많은 사람들이 모여 살기 때문에 많은 건물이 빽빽하게 있다고 하였습니다.

하루 어휘

• 27쪽

1 (1) 밀집 (2) 터전 (3) 대중교통
2 (1) ㉢ (2) ㉡ (3) ㉠
3 (1) ② (2) ①

2 '-업(業)'은 '일'을 뜻하는 말로, 어떤 말 뒤에 붙으면 '~하는 일'이라는 뜻을 나타내게 됩니다.

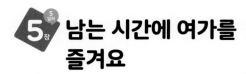

5장 남는 시간에 여가를 즐겨요

매체 독해
• 28쪽

★ 어떤 매체 자료일까요?
1반 친구들의 여름 방학 생활 소식을 전하는 학급 게시판입니다.

1 지환, 선하 / 아영, 하은

2 ㉡, ㉣

1 계곡에서 물놀이하기, 산에서 캠핑 하기는 자연환경을 이용한 활동이고, 야구장에서 야구 관람하기, 도서관에게 책 읽기는 인문환경을 이용한 활동입니다.

2 ㉠ 야구를 나중에 배우기로 하였다고 했을 뿐 배웠다는 내용은 없습니다. ㉢ 독후감을 쓰기 위해 책을 읽었다는 내용은 없습니다.

글 독해
• 29~31쪽

★ 어떤 글일까요?
다양한 여가 생활의 모습을 설명한 글입니다. 옛날과 오늘날의 여가 생활을 비교해 보고, 여가 생활의 중요성을 설명하였습니다.

★ 문단 요약

1문단	여가 생활의 뜻
2문단	오늘날의 다양한 여가 생활
3문단	옛날과 오늘날 어린이들의 여가 생활
4문단	여가 생활의 중요성

1 ⑤ **2** ④ **3** ④ **4** ②

5 (1) 옛 (2) 오 (3) 오 (4) 옛 **6** ④

7 □ ○

1 이 글은 어린이를 포함하여 옛날과 오늘날의 사람들이 즐기는 다양한 여가 생활의 모습에 대하여 설명하고 있습니다.

2 오늘날 여가 시간이 늘고 여가 활동으로 할 수 있는 일이 많아지면서 여가 시간을 바람직하게 보내는 것이 중요해지고 있습니다.

3 악기 연주, 글쓰기, 그림 그리기 등의 여가 생활을 하면서 자신의 소질을 계발하기도 합니다.

4 옛날 어린이들의 여가 생활과 오늘날 어린이들의 여가 생활이 어떻게 다른지 그 차이점을 중심으로 설명하고 있습니다.

5 옛날 어린이들은 주로 밖에서 친구들과 어울려 하는 놀이를 많이 하였고, 오늘날의 어린이들은 실내나 정해진 곳에서 놀이를 합니다.

6 여가 생활이란 일하거나 공부하는 시간을 빼고 남는 시간에 하는 활동이므로, 수업을 듣는 것은 여가 생활로 볼 수 없습니다.

7 선하가 승마를 하는 것은 승마 대회에서 우승하기 위해 하는 전문적인 훈련입니다.

하루 어휘
• 32쪽

1 (1) ㉡ (2) ㉢ (3) ㉠

2 (1) 구입하다 (2) 활용하다 (3) 대신하다

3 (1) ② (2) ① (3) ③

3 '어렵다'는 대체로 쉽지 않거나 불편하고 힘든 상황과 관련하여 사용됩니다.

신나는 퍼즐 퍼즐
• 33쪽

❶지	하	자	원	인	촌	락	영	❿여
농	촌	❹벼	출	밭	❷기	후	이	가
사	❶환	오	농	농	장	염	름	생
울	경	사	진	사	강	소	전	활
산	나	물	채	산	수	❼양	갯	벌
자	연	어	지	취	량	봉	❾도	전
❸지	형	촌	락	모	래	사	장	시
명	농	업	자	❻양	식	장	공	간

힌트
❶ 사람들이 살아가는 데 영향을 주는 우리 주변의 모든 것. ⬛ 자연□□, 인문 □□
❷ 어떤 장소에서 여러 해에 걸쳐 나타난 기온, 비, 바람 따위의 평균을 낸 것.
❸ 마을이나 고장, 산과 강 등의 이름.
❹ 벼를 심어 가꾸고 거두는 일. ⬛ □□□를 짓다.
❺ 꿀을 얻기 위하여 벌을 기름. ⬛ 벌치기
❻ 물고기나 미역, 김, 조개 등을 인공적으로 기르는 일을 전문적으로 하는 곳.
❼ 땅속에 묻혀 있는 자원. 철, 석탄, 석유와 같이 인간 생활에 도움을 주는 것들을 말함.
❽ 사람들이 주로 임업을 하며 살아가는, 산지에 이루어진 촌락.
❾ 일정한 지역에 많은 사람들이 모여 사는 곳. ⬛ 촌, 시골
❿ 즐거움을 얻으려고 남는 시간에 스스로 하는 자유로운 활동.

1장 **살기 좋은 우리 한옥**

매체 독해 • 35쪽

★ **어떤 매체 자료일까요?**

서울특별시 중구에 있는 남산골 한옥 마을에 대해 검색한 자료 화면입니다. 주소와 관람 시간 등의 정보를 확인할 수 있습니다.

1 ㉣
2 ④

1 입장료는 무료이므로 준비물로 적절하지 않습니다.

2 ① 옛날 필동에 놀이터가 있었다고 하였습니다. ②, ③ 직접 만든 것이 아니라 흩어져 있던 한옥 다섯 채를 옮겨와 만들었다고 하였습니다. ⑤ 관광에 대한 내용은 나와 있지 않습니다.

글 독해 • 36~38쪽

★ **어떤 글일까요?**

우리의 전통 가옥인 한옥의 우수성에 대해 설명한 글입니다. 한옥의 과학적 원리를 설명하고 자연과 조화를 이루는 친환경적 특징을 소개하였습니다.

★ **문단 요약**

1문단	한옥의 뜻과 의의
2문단	한옥의 특징 ① - 과학적인 집
3문단	한옥의 특징 ② - 친환경적인 집

1 ①   **2** ⑤   **3** ⑤   **4** ③
5 (○)(○)(○)(   )(   )
6 ②   **7** ⑤
8 온돌 ➡ 대청마루

1 이 글은 한옥이 과학적이면서 친환경적인 집이라는 것을 설명하고 있습니다. 즉 한옥의 우수성에 대해 쓴 글입니다.

2 이 글은 한옥의 우수한 특징을 크게 두 가지로 나누어 설명한 글입니다.

3 1문단에서 한옥은 전통의 멋과 아름다움이 깃든 집이지만 크고 화려한 집은 아니라고 하였습니다. 2문단에서 과학적인 집, 3문단에서 친환경적인 집이라고 하였습니다.

4 2문단에서 처마의 모양과 기능을 설명하였습니다. ③의 내용은 확인할 수 없습니다.

5 3문단에서 한옥을 지을 때 나무, 돌, 흙 등 자연에서 얻을 수 있는 재료를 이용했다고 하였습니다. 또 짚은 지붕이나 벽, 방바닥을 만들 때 사용한다고 하였습니다.

6 온돌은 한옥의 전통적인 난방 장치로, 아궁이에서 불을 때면 뜨거운 불기운이 방바닥 아래를 지나가며 돌을 뜨겁게 데워 방 안을 따뜻하게 만들었습니다.

7 3문단에서 한옥은 자연에서 얻은 재료로 집을 만들고 수명이 다하면 자연으로 돌아가 자연과 조화를 이루는 친환경적인 집이라고 하였습니다. 나머지는 이 글에서 확인할 수 없는 내용입니다.

8 방과 방 사이의 큰 마루는 대청마루입니다. 온돌은 방 안을 따뜻하게 하는 난방 장치라고 하였습니다.

하루 어휘 • 39쪽

1 (1) ㉢ (2) ㉠ (3) ㉣ (4) ㉡
2 (1) × (2) × (3) ○ (4) ○
3 (1) ② (2) ①

2 (1)은 기다리던 일에 공교롭게도 안 좋은 일이 생겨서 안타까워하는 상황이고, (2)는 원하는 일을 이룰 수 없는 상황이므로 '일석이조'와 어울리지 않습니다.

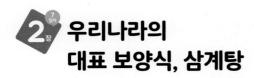

2장 우리나라의 대표 보양식, 삼계탕

• 40쪽

매체 독해

★ 어떤 매체 자료일까요?
세계 여러 나라의 보양식을 홍보하고 판매하기 위해 만든 광고지입니다.

1 ③
2 ⑤

1 세계 여러 나라의 보양식을 소개하고 홍보하기 위해 쓴 글입니다.

2 ⑤ 바쿠데는 돼지갈비에 각종 약재와 허브를 넣고 끓여 만든 음식이라고 하였습니다. 즉, 열을 가한 음식입니다.

글 독해

• 41~43쪽

★ 어떤 글일까요?
우리나라의 여름철 대표 보양식인 삼계탕에 대해 설명한 글입니다. 삼계탕이 보양식이 된 까닭과 삼계탕의 역사를 살펴봅니다.

★ 문단 요약

1문단	옛날 사람들이 여름철 무더위를 이겨 내던 방법
2문단	삼복에 삼계탕을 먹는 까닭
3문단	삼계탕의 역사

1 삼계탕 **2** ① **3** ④
4 (○)(○)(○)
　　(×)(×)(○)
5 (○)(　)(　)(○)(　)
6 ① **7** ⑤

1 삼계탕은 여름철 더위를 이겨 내는 우리나라의 대표적인 보양식이라고 하였습니다.

2 삼복에 삼계탕을 먹은 까닭과 삼계탕의 역사 등 삼계탕에 대해 설명하기 위해 쓴 글입니다.

3 삼계탕은 여름에 차가운 음식을 많이 먹어서 배탈이 날 것을 염려하여 열을 내는 음식인 닭과 인삼을 이용해 만든 것입니다.

4 삼계탕을 만드는 방법이나 삼계탕과 함께 먹던 반찬은 이 글에서 찾을 수 없습니다. 삼복의 뜻은 2문단에서, 삼계탕의 역사와 본래 이름은 3문단에서, 옛날 사람들이 더위를 이겨 내던 방법은 1문단에서 설명하고 있습니다.

5 삼계탕은 닭과 인삼을 주요 재료로 하여 만든 음식으로, '삼계탕'의 '삼'과 '계'는 인삼과 닭을 뜻한다고 하였습니다.

6 땀을 많이 흘리는 여름에 삼계탕을 먹고 더위에 지친 몸을 회복하고자 하였다고 설명하였습니다.

7 ⑤ 조선 시대에는 닭백숙과 같은 닭 요리를 먹었습니다. 닭과 인삼을 함께 넣어 만들기 시작한 것은 1910년 이후라고 하였고, 오늘날과 같이 많은 사람이 삼계탕을 즐겨 먹게 된 것은 1960년대 이후라고 하였습니다.

하루 어휘

• 44쪽

1 (1) ⓛ (2) ⓒ (3) ⓞ
2 (1) 그래서 (2) 그러면 (3) 하지만
3 (1) { 즐기다 / 질기다 (2) { 뜨끈하다 / 따끔하다

2 '그래서, 그러면, 하지만'은 모두 두 문장을 이어 주는 말입니다. '그래서'는 앞의 말이 까닭이고 뒤의 말이 결과임을, '그러면'은 앞의 말이 뒤의 말의 조건임을, '하지만'은 앞의 말과 뒤의 말이 서로 반대되는 내용임을 나타냅니다.

매체 독해

● 45쪽

★ 어떤 매체 자료일까요?

전통문화를 체험할 수 있는 프로그램 안내문입니다. 맷돌, 다듬잇방망이 등 다양한 옛날의 생활 도구를 체험할 수 있습니다.

1 (1) × (2) ○ (3) ×
2 ④

1 무료 프로그램은 2개이며, 누에고치를 보려면 누에실 뽑기 체험을 해야 합니다.

2 ④ 옛날에는 천연 재료를 이용하여 손수건을 물들여 사용했을 것이라고 짐작할 수 있습니다.

글 독해

● 46~48쪽

★ 어떤 글일까요?

옛날 생활 도구의 원리와 장점을 살려서 쓰기 편하게 개발된 도구를 소개한 글입니다. 김치냉장고, 전기밥솥, 세탁기, 믹서를 예로 들어 설명하였습니다.

★ 문단 요약

1문단	옛날 생활 도구의 변화
2문단	옹기의 장점을 살린 김치냉장고
3문단	가마솥의 장점을 살린 전기밥솥
4문단	빨랫방망이의 원리를 이용한 세탁기
5문단	맷돌의 원리를 이용한 믹서

1 ④   2 ③
3 옹기, 가마솥, 세탁기, 맷돌
4 ③
5 (1) ㉠ (2) ㉢ (3) ㉡
6 진흙, 숨구멍   7 ㉡, ㉢

1 옛날 생활 도구의 원리와 장점을 살리면서 오늘날의 과학 기술이 더해져 만들어진 생활 도구를 설명한 글입니다.

2 옛날 생활 도구의 장점을 살려 오늘날의 생활에 맞게 만들어 사용하는 도구를 다양한 사례를 들어 소개하고 있습니다.

3 이 글은 옛날 생활 도구의 장점과 원리를 살려서 오늘날의 생활에 맞게 만들어 사용하고 있는 생활 도구들을 설명하였습니다.

4 맷돌은 믹서, 옹기는 김치냉장고, 가마솥은 전기밥솥, 빨랫방망이는 세탁기를 만드는 데 영향을 주었습니다. ③ 화로는 옛날의 난로와 같은 것으로 사용하기 불편하여 오늘날에는 사라졌습니다.

5 1문단에서 예전 모습 그대로 사용하는 생활 도구로 부채나 빨래판, 호미를 소개하였으며, 사용하기 불편하여 사라져 버린 도구로 화로와 숯다리미를 소개하였습니다.

6 옹기는 진흙으로 구워 만든 그릇으로, 표면의 숨구멍으로 공기가 드나들어 음식의 신선함을 오랫동안 유지해 준다고 하였습니다.

7 조상들의 지혜가 담긴 생활 도구에 발전된 과학 기술이 더해져, 우리의 생활을 더욱 편리하게 해 주는 오늘날의 생활 도구가 생겨났습니다.

하루 어휘

● 49쪽

1 (1) 압력 (2) 원리 (3) 마찰 (4) 숙성 (5) 발효
2 (1) 틈틈이 (2) 여전히 (3) 꾸준히
3 (1) ② (2) ③ (3) ①

3 '쓰다'는 '혀로 느끼는 맛이 한약이나 소태, 씀바귀의 맛과 같다.'라는 뜻도 있는데, 흔히 '약이 쓰다.', '커피가 쓰다.'와 같이 사용됩니다.

4장 전통을 잇는 사람들

매체 독해
● 50쪽

★ 어떤 매체 자료일까요?
활과 화살을 만드는 장인인 궁시장을 만나 인터뷰한 내용입니다.

1 활, 화살
2 ②

1 첫 번째 답변에서 궁시장은 활과 화살을 만드는 장인으로, 궁시에서 궁은 활을, 시는 화살을 가리킨다고 하였습니다.

2 두 번째 답변에서 화살대를 만드는 데 쓰이는 대나무만 해도 말리는 데 1년, 다듬는 데 5~6개월이 걸린다고 하였습니다.

글 독해
● 51~53쪽

★ 어떤 글일까요?
전통문화의 중요성을 설명하고, 다양한 분야에서 전통을 지키고 전승하고자 애쓰는 사람들을 소개한 글입니다.

★ 문단 요약

1문단	전통문화의 뜻과 중요성
2문단	전통 음악을 전승하는 사람들
3문단	전통 공예 기술을 전승하는 사람들
4문단	전통문화를 보존하기 위한 노력

1 ④　　2 ③　　3 ①
4 무형 문화재
5 (1) 전통장 (2) 장도장 (3) 누비장
6 ④　　　7 (1) ○ (2) ○ (3) × (4) ○

1 다양한 분야에서 전통문화를 지키고 전승하고자 애쓰는 사람들을 소개한 글입니다.

2 1문단은 전통문화의 뜻과 중요성, 2, 3문단은 전통문화를 지키고 전승하는 사람들, 4문단은 전통문화를 보존하기 위한 노력에 대한 내용을 담고 있습니다.

3 전통문화는 과거와 현재를 이어 주면서 우리 민족을 하나로 연결하는 역할을 합니다.

4 2문단에서 전통 음악을 전승하는 사람들로서 무형 문화재에 대해 설명하였습니다.

5 전통장은 전통 만드는 법을, 장도장은 장도 제작 기술을, 누비장은 바느질 기법을 전승하는 사람들입니다.

6 3문단에서 전통 공예 기술을 이어 가는 사람들로 전통장, 누비장, 장도장을 소개하고 있습니다. 옹기장은 독과 항아리 등을 만드는 장인으로 전통 공예 기술을 이어 가는 사람은 맞지만, 이 글에서는 소개되지 않았습니다.

7 (3) 우리 전통문화가 세계에서 높은 수준을 인정받고 있기는 하지만, 인정을 받기 위해서 전통문화를 보존해야 하는 것은 아닙니다.

하루 어휘
● 54쪽

1 (1) 전승 (2) 명맥
2 (1) ⌈지정되다 (2) ⌈자부심
　　⌊지연되다　　⌊자만심
3 (1) 무늬 (2) 계승 (3) 관습

신나는 퍼즐 퍼즐
● 55쪽

	옹	기						
		온	돌					
				가	야	금	병	창
		처	마				문	화
			솥					로
부	채				전	승		
뚜						통		
막		김	치	냉	장	고		

가로 열쇠
❶ 진흙으로 만든 그릇.
❸ 아궁이에서 불을 때어 방 밑으로 열이 지나가면서 난방을 해 주는 장치.
❹ 우리나라 악기인 가야금을 연주하면서 민요나 판소리의 한 부분을 부르는 전통 예술.
❺ 한옥에서 지붕이 벽보다 조금 더 바깥으로 뛰어 나와 있는 부분.
❼ 어떤 사회의 구성원에 의하여 습득, 공유, 전달되는 생활 양식. 예 ○○유산.
❽ 문화, 풍속 따위를 물려주어 있게 함. 비슷 계승
❿ 김치의 보관을 위해 만든 냉장고.
⓫ 손으로 흔들어 바람을 일으키는 물건.

세로 열쇠
❷ 대기의 온도.
❹ 무쇠로 만든 솥으로, 밥을 짓는 동안 솥 안의 압력을 높여 주어 밥맛을 좋게 함.
❺ 공기와 햇빛을 받을 수 있고, 밖을 내다볼 수 있도록 벽이나 지붕에 낸 문.
❻ 숯불을 담아 놓는 그릇으로, 주로 불씨를 보존하거나 난방을 위하여 씀. 옛날의 난로.
❾ 화살을 담는 긴 통인 전통을 만드는 기술을 가진 사람.
⓫ 흙과 돌을 섞어 편평하게 만든, 아궁이 위에 솥을 걸어 놓는 자리.

1장 옛날에는 버스 승하차를 돕던 사람이 있었대요

매체 독해

● 57쪽

★ 어떤 매체 자료일까요?

버스 정보 안내 시스템의 도입을 알리는 뉴스 화면입니다.

1 ☐ ○ ☐ ○

2 ③

1 버스 정보 안내 시스템을 통해 버스 도착 예정 시간, 버스 위치 정보, 막차 정보 등을 알 수 있다고 하였습니다.

2 버스 정보 안내 시스템의 도입으로 버스 이용이 보다 편리하게 되었다고 하면서 버스 정보 안내 시스템을 확대해 나갈 예정이라고 하였습니다. ③ 시민들의 버스 이용률이 줄어들었다는 내용은 나와 있지 않습니다.

글 독해

● 58~60쪽

★ 어떤 글일까요?

옛날에 존재했던 버스 안내양이라는 직업에 대해 설명하고, 오늘날 다시 등장하게 된 배경과 그 역할에 대해 알려 주는 글입니다.

★ 문단 요약

1문단	버스 안내양의 등장
2문단	사라진 버스 안내양
3문단	다시 돌아온 버스 안내양

1 버스 안내양 **2** ④

3 (1) ○ (2) ○ (3) × (4) ×

4 ©, @ **5** ③

6 ④ **7** 선하

1 이 글은 옛날에 존재했던 버스 안내양이라는 직업이 오늘날 다시 등장하게 된 배경과 그 역할에 대해 설명하였습니다.

2 ④ 버스 안내양이 되기 위하여 갖추어야 할 자격 조건에 대해서는 설명하지 않았습니다.

3 (3) 1문단에서 버스 안내양은 1920년대 후반에 대학생들 사이에서 최고의 신부 후보감이었다고 하였습니다. (4) 2문단에서 버스 안내양은 1984년 하차 안내 방송의 시작과 하차 벨 설치, 1989년 안내원을 탑승시켜야 한다는 법 삭제 등을 이유로 사라지게 되었다고 하였습니다.

4 오늘날 버스 도우미가 생겨서 버스를 싼 요금으로 이용할 수 있다거나 여성의 사회적 지위가 높아졌다는 내용은 나와 있지 않습니다.

5 버스 도우미가 생김으로써 어르신들의 승하차를 돕는 것은 물론이고, 새로운 일자리까지 창출되어 일거양득의 효과를 냈습니다.

6 고령의 어르신이 많은 농어촌 지역에서는 버스 도우미 제도를 도입해 어르신들의 버스 내 안전사고를 예방하고 버스를 편하게 이용할 수 있도록 돕고 있습니다.

7 버스 안내양은 시대의 변화에 따라 사라졌다가 오늘날 고령화 현상으로 버스 도우미라는 이름으로 다시 등장하게 되었습니다. 승객의 안전을 돕고 일자리 창출에도 도움이 되고 있어, 과거에서 현재의 어려움을 해결할 수 있는 방법을 찾았다고 볼 수 있습니다.

하루 어휘

● 61쪽

1 (1) ㉠ (2) ㉢ (3) ㉡

2 (1) ② (2) ① (3) ②

3 (1) 열악하다 (2) 채용하다 (3) 수월하다

2장 친환경적인 자동차의 등장

11일차

● 62쪽

매체 독해

★ 어떤 매체 자료일까요?
어차와 시발자동차 등 우리나라 자동차의 역사를 설명한 백과사전입니다.

1 어차

2 ①, ⑤

1 고종 황제의 즉위 40주년을 맞아 의전용으로 들여온 우리나라 최초의 자동차는 '어차'입니다.

2 1955년에 등장한 시발자동차는 우리나라에서 우리의 기술로 처음 생산한 자동차입니다.

글 독해

● 63~65쪽

★ 어떤 글일까요?
환경을 생각하는 전기 차가 등장하게 된 배경을 설명하고, 전기 차의 장점과 필요성에 대해 설명하는 글입니다.

★ 문단 요약

1문단	기존 자동차의 문제점
2문단	전기 차의 장점
3문단	전기 차의 필요성

1 전기 차   **2** ⑤
3 ㉡, ㉢   **4** ④
5 (가) 석유, 대기   (나) 친환경, 경제성
    (다) 전기 차
6 무공해   **7** ①

1 이 글은 친환경적인 자동차로 등장하게 된 전기 차에 대해 설명하고 있습니다.

2 글쓴이는 환경을 보호하는 데 도움이 되는 전기 차가 우리의 일상생활에 널리 자리 잡기를 바라고 있습니다.

3 (가)에서 석유에서 에너지를 얻어 움직이는 자동차는 배기가스를 배출해 대기를 오염시키고, 사람들의 건강까지 위협하고 있다고 하였습니다. 또 자동차 때문에 발생하는 소음 공해도 심각한 문제라고 하였습니다.

4 ④ 전기 차는 석유로 움직이는 자동차에 비해 경제성이 높다고 하였습니다.

5 (가)에서는 기존의 석유로 움직이는 자동차의 문제점을 말하고 있고, (나)에서는 전기 차의 장점을 말하고 있으며, (다)에서는 전기 차의 필요성에 대해 말하고 있습니다.

6 산업이나 교통의 발달에 따라 사람이나 생물이 입게 되는 여러 가지 피해를 '공해'라고 하고, 자연이나 사람에게 피해를 주지 않는 것을 '무공해'라고 합니다. (나)에서 전기 차는 무공해 친환경적인 자동차라고 하였습니다.

7 전기 차의 가장 큰 장점인 친환경적인 성격을 살려 발명된 것 중 하나가 수소 자동차입니다. ②~⑤는 친환경 교통수단과는 거리가 멀고 대체로 인간의 편리함을 위하여 발명된 것입니다.

하루 어휘

● 66쪽

1 (1) 무공해 (2) 대체 (3) 위협
2 (1) { 제한 / 제안 }   (2) { 보안 / 보완 }
3 (1) 깊숙이 (2) 일일이 (3) 가만히 (4) 곰곰이

3 (1) '깊숙이'는 '위에서 밑바닥까지, 또는 겉에서 속까지의 거리가 멀고 으슥하게'라는 뜻이고, (2) '일일이'는 '하나씩 하나씩'이라는 뜻입니다.

3장 사물, 인터넷으로 연결되다

● 67쪽

매체 독해

★ 어떤 매체 자료일까요?
미래 씨가 스마트폰이나 스마트 밴드 등의 스마트 기기를 이용하는 모습을 살펴볼 수 있습니다.

1 ④
2 ㉢

1 조명 끄기, 집 청소하기, 냉난방기 켜기, 엘리베이터 호출하기 등은 모두 스마트 기기를 통해 자동으로 이루어지는 일입니다.

2 미래 씨의 하루를 살펴보면, 스마트폰이나 스마트 밴드 등의 스마트 기기로 사물들을 원격으로 제어하고 관리하고 있다는 것을 알 수 있습니다.

글 독해

● 68~70쪽

★ 어떤 글일까요?
사물 인터넷의 뜻을 설명하고, 사물 인터넷이 활용되는 예와 앞으로 달라지게 될 사람들의 생활 모습을 소개하는 글입니다.

★ 문단 요약
1문단	사물 인터넷이 가져올 미래의 모습
2문단	사물 인터넷의 뜻
3문단	사물 인터넷의 활용

1 ⑤
2 (1) ○ (2) ○ (3) × (4) ×
3 ⑤   4 ⑤
5 ②   6 ○□□
7 ⑤

1 ⑤ 사물 인터넷의 단점이나 문제점에 관한 내용은 언급되지 않았습니다.

2 (3) 사물 인터넷은 이미 우리의 삶 곳곳에 영향을 미치고 있으며, (4) 교통, 가정, 건강 등 다양한 분야에서 활용되고 있습니다.

3 ㉠ '그것'의 의미는 바로 앞 문장에서 찾을 수 있습니다. 영화 속에서나 가능할 것 같았던 일들이 시작되고 있다는 것은 상상 속 이야기가 현실에서도 가능해졌다는 것을 의미합니다.

4 ㉡의 뒷부분에서는 앞에서 이야기한 사물 인터넷의 뜻을 다시 한번 짧게 정리해 주고 있습니다.

5 3문단에서 버스 전광판으로 버스가 언제 도착하는지 알려 주는 것도 사물 인터넷 기술이 적용된 사례라고 하였습니다.

6 인공 지능 스피커는 사람의 목소리를 인식해 사용자가 원하는 정보를 찾아 주거나 집 안의 가전제품을 제어하는 역할까지 함으로써 사물 인터넷 기술의 무궁무진한 발전을 기대하게 합니다.

7 화분이 단순히 꽃을 심어 가꾸는 그릇의 역할만 하지 않고 사람에게 필요한 정보를 알려 주는 것은 사물 인터넷을 활용한 사례입니다.

하루 어휘

● 71쪽

1 (1) ㉡ (2) ㉢ (3) ㉠
2 (1) ① (2) ② (3) ③
3 (1) 감히 (2) 극히 (3) 가히

2 '걸다'에는 이외에도 '어떤 상태에 빠지도록 하다.(예 마술을 걸다.)'나 '앞으로의 일에 대한 희망 따위를 품거나 기대하다.(예 시합 결과에 기대를 걸다.)'와 같은 뜻이 있습니다.

4장 스마트폰 사용을 멈춰요

매체 독해

● 72쪽

★ 어떤 매체 자료일까요?

스마트폰에 중독되지 말자는 내용을 전달하는 공익 광고 포스터입니다.

1 ○□□□

2 ①

1 다른 사람과 함께 있는 시간에도 스마트폰만 쳐다보는 현상을 꼬집으면서 스마트폰에 중독되지 말자는 내용을 전달하고 있습니다.

2 ① 공익 광고 포스터의 가장 마지막 부분에 출처가 드러나 있습니다.

글 독해

● 73~75쪽

★ 어떤 글일까요?

오늘날 스마트폰에 중독된 사람들이 많아진 모습을 알리고, 올바른 스마트폰 사용법을 소개하는 글입니다.

★ 문단 요약

1문단	스마트폰 중독과 관련된 신조어의 등장
2문단	스마트폰 중독으로 인한 부작용
3문단	올바른 스마트폰 사용법

1 ①   **2** (1) ⓒ (2) ㉠
3 ①   **4** ③   **5** ③
6 ④   **7** 하연, 재승

1 이 글은 스마트폰을 과도하게 사용하는 상황과 그에 따른 문제점을 설명한 뒤 스마트폰을 올바르게 사용하는 방법에 대한 정보를 제공하고 있습니다.

2 1문단에서 '스몸비'와 '노모포비아'의 뜻을 설명하고 있습니다.

3 노모포비아와 스몸비는 모두 스마트폰에 중독된 사람이 많은 오늘날의 상황을 보여 주는 신조어입니다.

4 ③ 누리 소통망 서비스를 지나치게 사용하면서 정작 현실에서는 다른 사람과 소통하는 것을 힘들어하게 되었습니다.

5 ③ 스마트폰을 지나치게 사용하다 생기는 사고는 운전이 서툴러서가 아니라 운전하는 데 집중하지 않아서 생기는 교통사고라고 보아야 합니다.

6 ①은 다다익선(多多益善), ②는 결초보은(結草報恩), ③은 소탐대실(小貪大失), ⑤는 전화위복(轉禍爲福)의 뜻입니다.

7 무조건 스마트폰을 쓰지 말아야 하는 것이 아니라, 필요할 때에는 도움이 되는 도구로 스마트폰을 활용하는 것이 스마트폰을 현명하게 사용하는 방법 중 하나입니다.

하루 어휘

● 76쪽

1 (1) 합성 (2) 의사소통 (3) 부작용
2 (1) 새말 (2) 무리 (3) 방해
3 (1) ① (2) ② (3) ③

신나는 퍼즐 퍼즐

● 77쪽

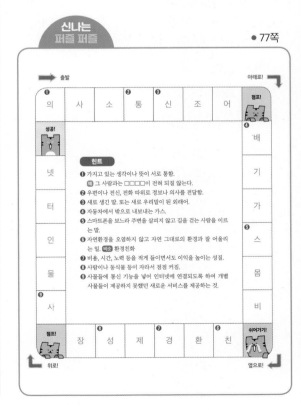

주제4 다양한 의식주 생활 모습

1장 옛날과 오늘날의 옷차림

매체 독해
● 79쪽

★ 어떤 매체 자료일까요?

겨울철 일기 예보를 하는 모습입니다.

1 ④

2 진솔

1 한파, 춥고 건조한 날씨, 눈, 빙판길 등의 표현에서 겨울철 일기 예보라는 것을 알 수 있습니다.

2 일기 예보에서 외출할 때 방한용품을 착용해야 한다고 말하였으므로, 두꺼운 외투를 입고, 목도리를 두르고 장갑을 낀 진솔이의 옷차림이 알맞습니다.

글 독해
● 80~82쪽

★ 어떤 글일까요?

옷의 기능을 설명한 후, 사람들의 옷차림을 옛날과 오늘날로 나누어 비교하고 이러한 옷차림이 날씨와 계절에 따라서 어떻게 달라지는지 알려 주는 글입니다.

★ 문단 요약

1문단	옷의 기능
2문단	옛날과 오늘날 사람들의 옷차림
3문단	날씨와 계절에 따른 옛날 사람들의 옷차림
4문단	날씨와 계절에 따른 오늘날 사람들의 옷차림

1 ④   2 개성, 지위

3 남자: 저고리, 바지, 도포
   여자: 저고리, 치마, 장옷

4 (1) 겨울 (2) 여름 (3) 여름

5 도롱이   6 ③

7 (1) ○ (2) ○ (3) × (4) ×

1 이 글은 옛날과 오늘날의 옷차림을 비교하여 설명하였습니다.

2 1문단에서 옷은 몸을 보호하는 기능을 하기도 하지만, 자신의 개성을 표현하거나 사회적 지위를 나타내기 위한 수단이 되기도 한다고 하였습니다.

3 옛날에는 남자와 여자가 입는 옷이 달랐는데, 남자들은 저고리, 바지, 도포를 주로 입었고 여자들은 저고리, 치마, 장옷을 주로 입었습니다.

4 3문단에서 우리 조상들은 여름에는 모시옷, 삼베옷과 같이 바람이 잘 통하는 시원한 옷감으로 만든 옷을 입었고, 겨울에는 누비옷과 같이 솜을 넣어 누빈 두꺼운 옷을 입었다고 하였습니다.

5 옛날 사람들은 풀이나 볏짚 등으로 '도롱이'라는 비옷을 만들어 입기도 하였습니다.

6 2문단에서 옛날과 달리 오늘날에는 남자 옷과 여자 옷의 구분이 많이 없어졌다고 하였습니다.

7 (3) 오늘날에는 비가 올 때 비에 몸이 젖는 것을 피하기 위하여 우산, 비옷, 장화를 사용합니다. (4) 옛날 우리 조상들도 오늘날처럼 더위를 피하거나 추위를 막기 위하여 다양한 옷감을 사용해 옷을 만들어 입었습니다.

하루 어휘
● 83쪽

1 (1) 모시 (2) 삼베 (3) 도포 (4) 장옷

2 (1) 빼다 (2) 얇다 (3) 다르다

3 (1) 가령 (2) 이미 (3) 대신

2 '다르다'는 '비교가 되는 두 대상이 서로 같지 아니하다.'라는 뜻으로 반대말은 '같다'입니다.

2장 ¹⁵일차 **고장마다 특색 있는 김치**

● 84쪽

매체 독해

> ★ **어떤 매체 자료일까요?**
>
> 지역에 따라 설날에 먹는 음식이 다른 까닭을 알려 주는 만화입니다.
>
> **1** (1) 만둣국 (2) 떡국
> **2** ③

1 지역의 자연환경에 따라 설날에 먹는 음식이 달랐다고 하였습니다.

2 만화에 나온 '맞아'는 '문제에 대한 답이 틀리지 아니하다.'라는 뜻입니다. ①은 '시간이 흐름에 따라 오는 어떤 때를 대하다.', ②는 '점수를 받다.', ④는 '어떤 좋지 않은 일을 당하다.', ⑤는 '오는 사람이나 물건을 예의로 받아들이다.'라는 뜻으로 쓰였습니다.

글 독해

● 85~87쪽

> ★ **어떤 글일까요?**
>
> 고장마다 김치의 맛이 다른 까닭을 설명한 후, 우리나라의 북부·중부·남부 지방의 김치의 특징이 어떻게 다른지 알려 주는 글입니다.
>
> ★ **문단 요약**
>
> | | |
> |---|---|
> | 1문단 | 고장마다 김치의 맛이 다른 까닭 |
> | 2문단 | 북부 지방 김치의 특징 |
> | 3문단 | 중부 지방 김치의 특징 |
> | 4문단 | 남부 지방 김치의 특징 |
>
> **1** 김치   **2** ②
> **3** ③   **4** ⓒ, ⓔ
> **5** (   )(○)(   )(○)
> **6** ⑤   **7** 정식

1 이 글의 중심 낱말은 '김치'로, 고장마다 김치의 맛이 다른 까닭, 우리나라의 북부·중부·남부 지방 김치의 특징에 대해 이야기하였습니다.

2 이 글은 우리나라의 김치가 각 고장의 기온에 따라 그 특징이 다르게 나타난다는 내용을 설명하였습니다.

3 ③ 북부 지방, 중부 지방, 남부 지방의 김치는 양념과 젓갈, 소금의 양 등이 달라서 맛도 서로 다릅니다.

4 2문단에서 북부 지방은 채소의 맛과 향을 그대로 살린 김치를 주로 담그고, 대체로 김치의 국물이 넉넉해 싱겁고 시원한 맛이 난다고 하였습니다. ⓒ은 남부 지방 김치의 특징, ⓔ은 중부 지방 김치의 특징입니다.

5 매콤한 갓김치는 남부 지방의 전라도, 싱거운 백김치는 북부 지방의 평안도를 대표하는 김치입니다.

6 남부 지방은 겨울에도 비교적 날씨가 따뜻하기 때문에 소금과 각종 양념을 많이 넣어 김치가 빨리 쉬는 것을 막습니다.

7 고장마다 기온에 따라 김치에 넣는 양념과 젓갈, 소금의 양을 조절하기 때문에 고장별로 특색 있는 김치가 만들어졌습니다.

하루 어휘

● 88쪽

> **1** (1) ⑦ (2) ⓒ (3) ⓛ
> **2** (1) { 담다 / 담그다 (2) { 절이다 / 저리다
> **3** (1) 좌우지간 (2) 좌지우지 (3) 좌충우돌

¹⁶일차 기후에 따라 독특한 집이 있어요

• 89쪽

매체 독해

★ **어떤 매체 자료일까요?**
우리나라의 중강진, 서울, 울릉도, 서귀포의 강수량을 나타낸 그래프입니다.

1 (1) 다르다 (2) 있다 (3) 여름 (4) 서울
2 울릉도

1 우리나라는 계절과 지역에 따라 강수량이 다르게 나타나며, 같은 계절이라도 지역에 따라 강수량이 다르게 나타납니다.

2 울릉도는 다른 지역에 비해 일 년 내내 강수량이 고르게 나타나는데, 1월 강수량만 비교하면 네 지역 중에서 가장 높게 나타납니다.

글 독해

• 90~92쪽

★ **어떤 글일까요?**
우리나라의 강수 특성을 설명하고, 강수 특성에 영향을 받아 나타난 우리나라와 세계의 독특한 주생활 모습을 설명하는 글입니다.

★ **문단 요약**

1문단	우리나라의 강수 특성
2문단	강수 특성에 따른 독특한 우리나라의 집
3문단	강수 특성에 따른 독특한 세계의 집

1 ④
2 (1) × (2) × (3) ○ (4) ○
3 ③　　　　　**4** 눈, 우데기
5 말로까　　　　**6** ④
7 ⑤

1 이 글은 강수 특성에 영향을 받아 나타난 우리나라와 세계의 독특한 주생활 모습을 설명하였습니다.

2 (1) 우리나라는 지역에 따라 강수량의 차이가 큽니다. (2) 우리나라의 연평균 강수량은 1,300 mm 정도로 세계 평균인 880 mm보다 많은 편입니다.

3 2문단에서 터돋움집은 여름철에 비가 많이 내리는 고장에서 홍수로 집이 물에 잠기는 것을 막기 위해 집터를 주변보다 높여서 지은 집이라고 하였습니다.

4 겨울에 눈이 많이 내리는 울릉도에서는 집에 눈이 들어오는 것을 막고 집 안에서 자유롭게 돌아다닐 수 있도록 우데기라는 외벽을 설치하였습니다.

5 말로까의 지붕은 방수 효과가 탁월한 나뭇잎을 나뭇가지와 촘촘히 엮어 만들었습니다.

6 일본 갓쇼 가옥의 지붕은 삼각형 형태로 경사가 매우 급하여 눈이 쉽게 떨어집니다.

7 ⑤는 화산 폭발로 만들어진 단단하지 않은 바위의 속을 파서 지은 집으로, 강수 특성에 영향을 받은 집이 아닙니다.

하루 어휘

• 93쪽

1 (1) 일시적 (2) 연평균 (3) 경사
2 (1) 적다 (2) 틀리다 (3) 다르다 (4) 작다
3 (1) ③ (2) ① (3) ②

2 '작다'는 '길이, 넓이, 부피 따위가 비교 대상이나 보통보다 덜하다.'라는 뜻으로 반대말은 '크다'입니다. '적다'는 '개수나 양, 정도가 기준에 미치지 못하다.'라는 뜻으로 반대말은 '많다'입니다. '다르다'는 '비교가 되는 두 대상이 서로 같지 아니하다.'라는 뜻으로 반대말은 '같다'입니다. '틀리다'는 '셈이나 사실 따위가 그르게 되거나 어긋나다.'라는 뜻으로 반대말은 '맞다'입니다.

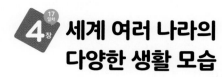

4장 세계 여러 나라의 다양한 생활 모습

매체 독해

● 94쪽

★ 어떤 매체 자료일까요?
사하라 사막의 여행 관광 상품을 홍보하는 안내문입니다.

1 ⑤
2 ②

1 위 안내문은 사하라 사막을 여행할 수 있는 관광 상품을 홍보하고 있습니다.

2 ② 사하라 사막의 기온이 낮에 최대 50℃까지 오르고 밤에 0℃까지 떨어지기도 한다는 내용에서 낮과 밤의 기온 차이가 매우 크다는 것을 알 수 있습니다.

글 독해

● 95~97쪽

★ 어떤 글일까요?
세계 여러 나라의 지형, 기후 등의 자연환경과 풍습, 종교 등의 인문 환경이 생활 모습에 미치는 영향을 예를 들어 설명하는 글입니다.

★ 문단 요약

1문단	세계 여러 나라의 생활 모습이 다르게 나타나는 까닭
2문단	자연환경의 영향을 받은 몽골의 주생활
3문단	풍습의 영향을 받은 멕시코의 식생활
4문단	종교의 영향을 받은 인도의 의생활

1 자연환경, 인문 환경　　**2** ㉣
3 ③　　　　**4** ④　　　　**5** ⑤
6 준호　　**7** ②

1 1문단에서 세계 여러 나라의 생활 모습은 자연환경과 인문 환경의 영향을 받아 다양하게 나타난다고 하였습니다.

2 세계 여러 나라의 자연환경과 인문 환경은 그곳에 사는 사람들의 생활 모습에 영향을 미칩니다.

3 (나)에서 몽골의 유목민들은 조립과 분해를 쉽고 빠르게 할 수 있는 이동식 집인 게르를 짓고 산다고 하였습니다.

4 마야 사람들이 옥수수를 중요하게 여겼던 풍습의 영향을 받아 요즘에도 멕시코 사람들은 타코를 즐겨 먹습니다.

5 (나)는 몽골의 주생활, (다)는 멕시코의 식생활, (라)는 인도의 의생활을 설명하고 있습니다.

6 (다)와 (라)에서는 풍습, 종교 등 인문 환경의 영향을 받아 나타나는 생활 모습을 설명하고 있습니다.

7 ② 사리는 인도 여성들이 입는 전통 복장입니다.

하루 어휘

● 98쪽

1 (1) ㉠ (2) ㉢ (3) ㉡ (4) ㉣
2 (1) 바느질하다 (2) 늘어뜨리다 (3) 불경스럽다
3 (1) ② (2) ③ (3) ①

신나는 퍼즐 퍼즐

● 99쪽

강	수	❷인	문	환	경	모	고	❾타
보	욕	❸누	종	삼	❻터	시	장	코
수	구	풍	비	베	돋	비	수	날
노	활	습	후	옷	움	❼우	데	기
동	주	❽게	손	알	집	❿인	절	약
❹도	르	시	장	채	람	도	구	정
롱	특	대	화	용	❶의	식	주	과
이	별	발	효	식	품	회	장	마

힌트
❶ 사람이 살아가는 데 기본적으로 필요한 옷과 음식과 집을 통틀어 이르는 말.
❷ 풍습, 종교 등 인간 활동의 결과로 만들어진 환경. ⑳ 자연환경과 □□ □□.
❸ 옛날 사람들이 추위를 이겨 내기 위해 만들어 입던 솜을 넣어 누빈 두꺼운 옷.
❹ 옛날 사람들이 풀이나 볏짚 등으로 만들어 입던 비옷.
❺ 젖산균이나 효모 등 미생물의 발효 작용을 이용하여 만든 식품. ⑳ 김치는 대표적인 □□ □□이다.
❻ 홍수로 집이 물에 잠기는 것을 막으려고 집터를 주변보다 높여서 지은 집.
❼ 주로 울릉도 전통 가옥에서 볼 수 있는 지붕의 끝에서부터 땅까지 내린 벽.
❽ 몽골의 유목민이 사는 이동식 집.
❾ 옥수숫가루 반죽을 살짝 구워 만든 토르티야라는 빵에 야채나 고기를 넣어 먹는 멕시코의 음식.
❿ 남부 아시아의 나라로, 여성들이 '사리'라고 하는 전통 복장을 입음.

1장 도구가 변화하였어요

매체 독해 ● 101쪽

★ **어떤 매체 자료일까요?**
선사 시대의 유물을 찾아 미션을 완성하는 학습지입니다. 각 층에서 구석기, 신석기, 청동기 시대의 유물을 찾아볼 수 있습니다.

1 2층
2 (1) ㉢ (2) ㉠ (3) ㉡

1 밑부분이 뾰족하고, 표면에 빗살 무늬가 새겨진 빗살무늬 토기는 신석기실이 있는 2층에서 볼 수 있습니다.

2 가락바퀴는 실을 만드는 데 사용한 도구, 주먹도끼는 짐승을 사냥할 때 손에 쥐고 사용한 도구, 반달 돌칼은 곡식을 벨 때 사용한 도구입니다.

글 독해 ● 102~104쪽

★ **어떤 글일까요?**
시대에 따라 사람들이 사용한 생활 도구가 어떻게 변화했는지 설명한 글입니다. 생활 도구의 변화로 나타난 생활 모습의 변화도 살펴봅니다.

★ **문단 요약**

1문단	생활 도구의 사용 효과
2문단	구석기·신석기 시대의 생활 도구와 생활 모습
3문단	청동기·철기 시대의 생활 도구와 생활 모습
4문단	생활 도구의 의의

1 ④　　　**2** ①　　　**3** ③
4 (2) (4) (1) (3)
5 ①, ⑤　　**6** (1) ○ (2) × (3) ×
7 ④

1 이 글은 여러 시대를 거치면서 사람들이 사용한 생활 도구가 어떻게 변화해 왔는지 설명하고 있습니다.

2 이 글은 시대에 따른 생활 도구의 변화와 함께 달라진 사람들의 생활 모습을 설명하고 있습니다.

3 생활 도구를 사용함으로써 사람들은 더욱 편리하고 여유로운 생활을 할 수 있게 되었다고 하였습니다.

4 사람들은 돌을 깨뜨리거나 떼어 내어 도구를 만들어 사용하다가 돌을 갈아서 도구를 만들어 사용하였습니다. 이후 청동으로 도구를 만들어 사용하다가 철을 이용하여 도구를 만들어 사용하였습니다.

5 구석기 시대와 신석기 시대에는 자연에서 얻은 돌이나 나무 등을 이용해 도구를 만들었으며, 신석기 시대에 농사를 시작하면서 여러 농사 도구를 만들어 사용하였습니다.

6 (2) 제사 도구나 지배 계층의 장신구로 쓰인 것은 청동으로 만든 거울, 검 등이며, (3) 청동은 귀하고 다루기가 어려워 생활 도구로 쓰기에는 어려웠습니다.

7 시대의 흐름에 따라 변화해 온 생활 도구를 통해 그 당시 사람들의 생활 모습을 짐작할 수 있으므로, 생활 도구는 그것을 사용하는 사람들의 생활 모습까지 담고 있다고 할 수 있습니다.

하루 어휘 ● 105쪽

1 (1) 가락바퀴 (2) 돌보습 (3) 반달 돌칼
　(4) 주먹도끼
2 (1) ㉢ (2) ㉡ (3) ㉠ (4) ㉣
3 (1) ② (2) ② (3) ① (4) ①

2 '맨 처음', '맨 먼저'와 같이 '맨'이 '더 할 수 없을 정도에 있음을 나타내는 말'로 쓰일 때에는 띄어서 써야 합니다.

2장 밑바닥이 뾰족한 그릇을 어떻게 사용하였을까요

매체 독해
● 106쪽

★ 어떤 매체 자료일까요?

가마솥, 독, 등잔, 뚝배기와 관련된 속담의 뜻을 알려 주는 속담 카드입니다.

1 (1) (나) (2) (가)

2 ☐ ☐ ○

1 '밑 빠진 독에 물 붓기'는 노력해도 보람 없이 헛된 일을 뜻하며, '가마솥이 검기로 밥도 검을까'는 겉모습만 보고 쉽게 판단하지 말라는 뜻을 가진 속담입니다.

2 첫 번째는 '밑 빠진 독에 물 붓기'와 어울리는 상황이고, 두 번째는 '등잔 밑이 어둡다'와 어울리는 상황입니다.

글 독해
● 107~109쪽

★ 어떤 글일까요?

빗살무늬 토기의 특징과 빗살무늬 토기를 사용하게 되면서 나타난 신석기 시대 사람들의 변화된 식생활을 설명한 글입니다.

★ 문단 요약

1문단	빗살무늬 토기의 등장 배경
2문단	빗살무늬 토기라는 이름이 붙은 까닭
3문단	빗살무늬 토기의 모양
4문단	토기의 사용으로 변화된 사람들의 식생활

1 빗살무늬 토기   **2** ②

3 ②   **4** (○)( )( )

5 ©, ②   **6** 가희, 나은

7 ⑤

1 1문단에서 신석기 시대에 만들어진 대표적인 토기를 빗살무늬 토기라고 하였습니다.

2 1문단에서 농사를 짓기 시작하면서 사람들이 먹고 남은 음식을 저장하고 보관하기 위해 빗살무늬 토기를 만들어 사용했다고 하였습니다.

3 빗살무늬 토기의 크기는 이 글에서 알 수 없습니다. 빗살무늬 토기의 모양과 밑바닥이 뾰족한 까닭은 3문단에서, 토기에 빗살무늬를 새긴 방법, 빗살무늬라는 이름이 붙은 까닭은 2문단에서 확인할 수 있습니다.

4 3문단에서 빗살무늬 토기는 아가리가 넓고 아래쪽이 뾰족한 V자 모양이라고 하였습니다.

5 빗살무늬 토기는 음식을 저장하고 보관하는 것뿐만 아니라 운반하고 조리하는 데에도 사용되었다고 하였습니다.

6 4문단에서 빗살무늬 토기와 같은 토기를 사용하면서 음식을 조리하는 방법과 식량 자원이 다양해졌다고 하였습니다. 날로 먹을 수 있는 동식물이 줄어든 것이 아니라 음식을 조리하여 먹기 시작한 것이며, 사람들은 농사를 시작하면서 정착 생활을 하였습니다.

7 ⑤ 빗살무늬 토기는 일반적으로 아래쪽이 뾰족한 모양을 하고 있으며, 강가나 바닷가 주변의 모래에 꽂아서 세워둘 수 있도록 만들어졌다고 하였습니다.

하루 어휘
● 110쪽

1 (1) 아가리 (2) 정착 (3) 획기적

2 (1) ⎰ 짓다 (2) ⎰ 으로서
     ⎱ 짓다   ⎱ 으로써

3 (1) ② (2) ①

3 (1) 생선을 익히지 않고 날것 그대로 먹는다는 의미이므로 ②의 뜻으로 사용되었습니다.

3장 돌에서 기계까지, 농사 도구의 변화

● 111쪽

매체 독해

★ 어떤 매체 자료일까요?

농업용 드론 활용 소식을 전하는 뉴스 화면입니다. 농사에 드론을 활용하면서 얻을 수 있는 효과를 알려 주고 있습니다.

1 ②

2 수영, 재현

1 뉴스 진행자의 말에서 드론이 농업 분야에 새롭게 활용되고 있음을 알 수 있습니다.

2 농업용 드론을 활용하여 벼농사뿐만 아니라 과일을 재배할 때에도 해충으로 인한 피해를 줄이고 품질을 향상시킬 수 있으며, 농촌의 노동력 부족 문제를 해결할 수 있습니다.

글 독해

● 112~114쪽

★ 어떤 글일까요?

농사 도구를 사용하게 된 배경과, 여러 농사 도구의 발달 과정, 농사 도구의 발달에 따른 생활 모습의 변화를 설명한 글입니다.

★ 문단 요약

1문단	농사 도구의 등장 배경
2문단	땅을 가는 농사 도구의 발달
3문단	곡식을 수확하는 농사 도구의 발달
4문단	농사 도구의 발달로 변화된 생활 모습

1 ① **2** 땅, 곡식

3 (3)(1)(4)(2)

4 (1) ○ (2) ○ (3) ✕

5 (1) 돌괭이, 트랙터 (2) 낫, 콤바인

6 ③ **7** ②

1 농사 도구의 발달로 나타난 생활의 변화를 설명하는 글입니다.

2 이 글은 땅을 가는 농사 도구와 곡식을 수확하는 농사 도구의 발달 과정과 이에 따른 생활 모습의 변화를 설명하고 있습니다.

3 처음에는 돌괭이를 사용하다가 나중에는 철로 만든 괭이를 사용하였고, 이후 소의 힘을 이용하는 쟁기를 쓰다가 오늘날에는 트랙터를 사용하게 되었습니다.

4 (3) 농작물을 베는 동시에 탈곡까지 하는 농기계는 콤바인입니다.

5 땅을 가는 농사 도구에는 돌괭이, 괭이, 쟁기, 트랙터가 있습니다. 곡식을 수확하는 농사 도구에는 반달 돌칼, 낫, 탈곡기, 콤바인이 있습니다.

6 ③ 돌로 만든 농사 기구보다 철로 만든 농사 기구가 훨씬 날카롭고 튼튼합니다. ①은 2문단에서, ②, ⑤는 4문단에서, ④는 1문단에서 확인할 수 있습니다.

7 ② 농사 도구가 발달함에 따라 수확하는 곡식의 양이 이전에 비해 훨씬 늘어났다고 하였습니다.

하루 어휘

● 115쪽

1 (1) 낟알 (2) 탈곡 (3) 수확

2 (1) ① (2) ② (3) ③

3 (1) 묶다 (2) 뾰족하다 (3) 튼튼하다

3 (2) '뭉툭하다'는 '굵은 사물의 끝이 아주 짧고 날카롭지 못하다.'라는 뜻입니다. '뾰족하다'는 '물체의 끝이 점차 가늘어져서 날카롭다.'라는 뜻입니다.

4장 실과 옷감을 만드는 도구의 변화

매체 독해
• 116쪽

★ 어떤 매체 자료일까요?
목화에서 무명 옷감을 얻는 방법을 검색한 결과입니다.

1 ☐ ○ ☐ ☐
2 1, 3, 4, 2

1 검색 화면을 통해 목화에서 무명 옷감을 얻는다는 것을 알 수 있습니다.

2 목화송이에서 얻은 고치를 물레에 돌려 실을 뽑아낸 다음, 베틀로 무명 옷감을 짭니다.

글 독해
• 117~119쪽

★ 어떤 글일까요?
옷을 만드는 도구가 변화해 온 모습과 이에 따라 변화된 생활 모습을 설명한 글입니다.

★ 문단 요약
1문단	가락바퀴와 뼈바늘의 사용
2문단	물레와 베틀의 사용
3문단	방직기와 재봉틀의 사용
4문단	옷을 만드는 도구의 발달로 변화된 생활 모습

1 ①   2 선하, 민수
3 ①   4 ④   5 ①
6 (2)(3)(1)   7 ④

1 이 글은 옷을 만드는 도구가 어떻게 발달했는지에 대해 설명하고 있습니다.

2 중앙에 막대기를 꽂아 실을 만드는 데 사용한 도구는 가락바퀴이며, 실을 꿰고 가죽을 엮어 옷을 만드는 도구는 뼈바늘입니다.

3 ㉠은 목화에서 무명 옷감을 만들기까지의 과정을 순서에 따라 설명하고 있습니다.

4 베틀은 실을 고르게 해서 서로 엮어 옷감을 짜는 도구라고 하였습니다.

5 옷을 만드는 도구로 가락바퀴, 물레, 베틀, 재봉틀 등을 예로 들어 설명하고 있습니다. '골무'는 바느질할 때 바늘을 눌러 밀거나 손끝이 찔리는 것을 막기 위해 손가락 끝에 끼우는 도구입니다.

6 먼 옛날에는 가락바퀴를 사용하였으며, 이후에는 베틀을, 오늘날에는 재봉틀을 사용하여 옷을 만듭니다.

7 옷을 만드는 도구가 발달하면서 사람들은 쉽고 빠르게 다양한 옷을 만들 수 있게 되었습니다.

하루 어휘
• 120쪽

1 (1) ㉢ (2) ㉡ (3) ㉠ (4) ㉣
2 (1) 도구 (2) 옷감
3 (1) 사용하다 (2) 재배하다 (3) 드러내다

2 (1) 베틀, 방직기, 재봉틀, 가락바퀴는 모두 옷을 만드는 도구입니다. (2) 명주, 모시, 무명, 삼베는 모두 옷감입니다.

신나는 퍼즐 퍼즐
• 121쪽

		생	산			청	동	거	울
		활				동			
저		도		신	석	기			
장	신	구							
			콤						
	가	락	바	퀴					방
			인						직
		빗	살	무	늬	토	기		
				명					

가로 열쇠
❶ 인간이 생활하는 데 필요한 각종 물건을 만들어 냄.
❸ 몸치장을 하는 데 쓰는 귀고리, 목걸이 등의 물건.
❹ 청동기 시대에 만들어진 둥근 거울로, 톱니무늬 등이 새겨져 있음.
❺ 돌을 갈아 만든 도구를 사용하고 농사를 짓기 시작한 □□□ 시대.
❼ 옛날 사람들이 실을 뽑기 위해 이용하던 중앙에 둥근 구멍이 뚫려 있는 도구.
❽ 신석기 시대를 대표하는 것으로, 아래쪽이 뾰족하고 빗살무늬가 새겨진 토기.

세로 열쇠
❶ 사람들이 생활하는 데 필요한 여러 가지 물건.
❷ 나중에 쓰기 위하여 물건을 모아서 보관함.
    예 신석기 시대에는 토기를 이용해 음식을 □□하였다.
❻ 청동을 사용하여 도구를 만들던 □□□ 시대.
❾ 농작물을 베면서 동시에 탈곡까지 하는 오늘날의 농기계.
❾ 옛날 사람들이 목화를 이용하여 만들었던 옷감.
❿ 실을 뽑아서 천을 짜 내는 기계를 통틀어 이르는 말.

1장 하늘과 물에서 결혼을 한대요

매체 독해

● 123쪽

★ 어떤 매체 자료일까요?

신랑과 신부의 혼례복을 소개하는 안내 자료입니다. 신랑과 신부가 혼례 때 각각 어떤 복장을 하는지 소개되어 있습니다.

1 사모관대
2 (1) ○ (2) × (3) ○

1 옛날 결혼식에서 신랑이 입던 옷차림으로, 신랑이 쓰던 사모와 신랑이 입던 관복을 합쳐 사모관대라고 합니다.

2 (2) 신부는 옷 외에도 화관이나 족두리, 용잠이라는 비녀, 댕기로 화려함을 더했습니다.

글 독해

● 124~126쪽

★ 어떤 글일까요?

옛날과 오늘날의 결혼식을 비교하고, 시간이 흘러도 변함이 없는 결혼식의 의미를 설명한 글입니다.

★ 문단 요약

1문단	결혼식의 뜻과 결혼식의 변화
2문단	옛날 결혼식의 모습
3문단	오늘날 결혼식의 모습
4문단	결혼식의 변함없는 의미

1 결혼식　　**2** ⑤　　**3** ㉠, ㉣
4 ⑤　　**5** ①, ③　　**6** ④
7 신부, 나무 기러기, 신혼

1 이 글은 옛날과 오늘날의 결혼식이 어떻게 달라졌는지 비교하여 설명한 글입니다.

2 ⑤ 오늘날의 결혼식이 가지는 특별한 의미에 대해서는 설명하지 않았습니다.

3 ㉡ 옛날에는 신부의 집에서 혼례를 치른 후 신랑의 집으로 갔습니다. ㉢ 옛날에는 대부분 양쪽 집안의 어른들끼리 혼인을 약속하면서 혼인이 결정되었습니다.

4 폐백 때에는 어른들이 자식을 많이 낳고 부자가 되라는 의미를 담아 신부의 치마에 대추나 밤을 던져 주었습니다.

5 ②, ④는 옛날의 결혼식에서는 찾아볼 수 없는 모습이며, ⑤는 오늘날의 결혼식에서는 찾아볼 수 없는 모습입니다.

6 1문단에서 오늘날에도 신랑과 신부가 화려한 한복을 입고 전통 혼례 방식의 결혼식을 올리기도 한다고 하였습니다.

7 2, 3문단에서 옛날과 오늘날의 대표적인 결혼식 모습을 확인할 수 있습니다.

하루 어휘

● 127쪽

1 (1) 피로연 (2) 폐백 (3) 원삼 (4) 이색적
2 (1) 치르기로 (2) 이르고 (3) 들르자고
3 (1) 백년해로 (2) 내외지간

2 (1) '치루다'는 '치르다'를 잘못 쓴 말입니다.
(2) '일르다'는 '이르다'를 잘못 쓴 말입니다.
(3) '지나는 길에 잠깐 들어가 머무르다.'라는 뜻의 말은 '들르다'입니다. '들리다'는 다른 뜻을 지닌 말입니다.

2장 어린이날, 어버이날, 그리고 '입양의 날'

매체 독해 ● 128쪽

★ 어떤 매체 자료일까요?
'가족의 의미에 대한 인식'과 '다양한 가족에 대한 수용도'에 관한 설문 조사 결과입니다.

1 ☐ ◯ ☐
2 재승, 지훈

1 가족의 의미와 다양한 가족에 대해 사람들이 어떠한 생각을 가지고 있는지 조사한 결과입니다.

2 '다양한 가족에 대한 수용도' 결과를 보면, 결혼하려는 상대방 가족의 다양한 형태를 받아들일 수 있다는 의견이 많습니다. '가족의 의미에 대한 인식' 결과를 보면 결혼이나 혈연과 무관하게 생계와 주거를 함께할 경우 가족으로 인정한다는 의견이 많습니다.

글 독해 ● 129~131쪽

★ 어떤 글일까요?
입양의 날에 대해 소개하며 입양과 입양 가족의 뜻을 설명하고, 입양에 대한 편견과 부정적 시선을 버려야 함을 강조하는 글입니다.

★ 문단 요약

1문단	입양의 날에 담긴 뜻
2문단	입양과 입양 가족의 뜻
3문단	입양 가족에 대한 편견 및 부정적 시선
4문단	가족의 의미와 입양의 가치

1 ④   2 ③   3 ③
4 ①   5 ⑤   6 ④
7 선하, 지아

1 이 글은 '입양'의 뜻과 가치 등을 설명하였습니다.

2 이 글은 입양 가족에 대한 편견과 부정적 시선을 버리고 따뜻한 응원을 보내자는 내용을 담고 있습니다.

3 ③ 모든 어린이는 평등하지만 이 글에서 그러한 내용을 설명하지는 않았습니다.

4 2문단에서 입양의 뜻을 확인할 수 있습니다. ②~⑤는 이 글을 통해 알 수 없는 내용입니다.

5 3문단에서 입양에 대한 그릇된 편견과 부정적인 시선들이 입양 가족에게 상처를 준다고 하였습니다.

6 4문단에서 오늘날 가족의 형태는 다양할지라도 함께 의식주를 해결하고, 가족 구성원이 서로 아끼며 사랑한다는 점이 공통점이라고 하였습니다.

7 '입양 부모는 대단한 사람', '입양아는 불쌍한 아이'라는 생각은 입양에 대한 잘못된 편견입니다.

하루 어휘 ● 132쪽

1 (1) 미덥다 (2) 존중하다
   (3) 그릇되다 (4) 건전하다
2 (1) ⓒ (2) ㄱ (3) ㄴ
3 (1) ┌ ① (2) ┌ ①
      └ ②   └ ②

2 (1) 걸림돌은 '길을 걸을 때 방해가 되는 돌'이라는 뜻 외에 '일을 해 나가는 데에 걸리거나 막히는 장애물'을 비유적으로 이르기도 합니다.

3장 ²⁴일차 미래의 또 다른 가족, 반려 로봇

● 133쪽

매체 독해

★ 어떤 매체 자료일까요?

'펫팸족'에 대한 신문 기사입니다. 오늘날 많은 사람들이 반려동물을 가족으로 받아들이고 있음을 알 수 있습니다.

1 반려동물, 가족
2 (1) ○ (2) × (3) ×

1 펫팸족에서 '펫팸'은 반려동물을 뜻하는 '펫'과 가족을 뜻하는 '패밀리'가 합쳐진 말입니다.

2 (2) 펫팸족은 반려동물을 애완동물이 아닌 진짜 가족으로 생각합니다. (3) 반려동물을 키우는 가정 중 개를 키우는 가정이 가장 많습니다.

글 독해

● 134~136쪽

★ 어떤 글일까요?

반려 로봇이 무엇인지 알려 주고, 현대 사회에서 반려 로봇이 어떤 역할을 하는지 설명한 글입니다.

★ 문단 요약

1문단	반려 로봇의 뜻
2문단	반려 로봇의 역할 ① - 가족 구성원으로서의 역할
3문단	반려 로봇의 역할 ② - 환자를 돌보는 역할
4문단	미래 사회의 가족 구성원이 될 반려 로봇

1 (나)　　**2** ⑤　　**3** ⑤
4 ④　　**5** ⑤　　**6** ①
7 (1) × (2) ○ (3) ○

1 이 글은 반려 로봇의 뜻을 설명하며 글을 시작하는 부분(1문단), 반려 로봇의 역할을 설명한 부분(2문단, 3문단), 미래 사회에서 반려 로봇이 어떤 역할을 할지 언급하며 글을 끝내는 부분(4문단)으로 나눌 수 있습니다.

2 이 글은 반려 로봇의 역할을 예로 들어 반려 로봇이 인간의 동반자 역할을 하고 있음을 설명하고 있습니다.

3 앞 문장에서 반려 로봇이 가족 구성원의 역할을 하고 있음을 언급하고, 뒤의 문장에서 그 예를 들어 설명하고 있으므로, 두 문장을 이어 주는 말로 알맞은 것은 '예를 들어'입니다.

4 반려 로봇이 반려동물을 보살펴 주는 것은 이 글에서 알 수 없는 내용입니다.

5 기존의 로봇이 단순히 일을 도와 편리함을 제공하는 역할을 주로 했던 것과 달리, 반려 로봇은 상호 작용을 통해 사람과 교감하는 기능까지 한다고 하였습니다.

6 글의 마지막 부분에서 반려 로봇은 미래의 또 다른 가족 구성원이 될 것이라고 하였습니다.

7 (1) 반려 로봇과 기존 로봇의 가격 차이에 대해서는 설명하지 않았습니다.

하루 어휘

● 137쪽

1 (1) 동반자 (2) 교감 (3) 인공 지능 (4) 치매
2 (1) 역할 (2) 찌개 (3) 떡볶이
3 (1) ㉠ (2) ㉢ (3) ㉡ (4) ㉣

3 '희로애락'은 네 개의 한자로 이루어진 낱말로, '희'는 기쁨, '로'는 노여움, '애'는 슬픔, '락'은 즐거움을 나타냅니다.

4장 만나고 싶어도 만날 수 없는 가족이 있어요

매체 독해
● 138쪽

★ 어떤 매체 자료일까요?
6·25 전쟁으로 헤어진 이산가족의 슬픔을 다룬 연극의 초대장입니다.

1 이산가족　　　**2** ①

1 6·25 전쟁으로 헤어져 소식도 모르고 만나지 못하는 가족을 이산가족이라고 합니다.

2 초대장의 제목과 줄거리로 보아 이 연극은 6·25 전쟁으로 헤어진 이산가족의 슬픔에 대한 것임을 알 수 있습니다.

글 독해
● 139~141쪽

★ 어떤 글일까요?
이산가족의 뜻, 이산가족들이 겪는 아픔과 어려움 등을 알아보고 이산가족 문제 해결의 필요성을 강조한 글입니다.

★ 문단 요약

1문단	이산가족의 뜻
2문단	이산가족이 겪는 아픔과 어려움
3문단	이산가족 문제 해결의 필요성
4문단	이산가족 문제 해결을 위한 노력

1 ⑤　　**2** ②　　**3** ⑤
4 지혜, 정환　　**5** (1) ○ (2) ○ (3) ×
6 ⑤　　**7** ㉠: 겨누는, ㉡: 바랍니다

1 이 글은 이산가족의 아픔과 어려움을 설명하고, 이산가족 문제를 해결하기 위해 노력해야 한다고 주장하고 있습니다.

2 이 글은 이산가족 문제는 사회적 문제임을 설명하며, 이산가족 문제 해결을 위해 함께 힘써야 함을 강조하고 있습니다.

3 2문단에서 이산가족이 생기게 된 배경을 설명하였습니다. ⑤는 설명하지 않았습니다.

4 이산가족 생존자의 대부분은 전쟁이 끝난 지 70여 년이 지나면서 고령이 되었습니다.

5 (3) 이산가족 문제를 해결하기 위해서는 이산가족의 아픔에 공감하고 이해하는 것이 가장 중요합니다.

6 ⑤ 이산가족 문제는 특정 개인의 문제가 아닌 사회적 문제입니다.

7 ㉠은 '활이나 총 따위를 쏠 때 목표물을 향해 방향과 거리를 잡다.'는 뜻의 '겨누는(겨누다)'이 맞고, ㉡은 '생각이나 바람대로 어떤 일이나 상태가 이루어지거나 그렇게 되었으면 하고 생각하다.'는 뜻의 '바랍니다(바라다)'가 맞습니다.

하루 어휘
● 142쪽

1 (1) ㉠ (2) ㉢ (3) ㉣ (4) ㉡ (5) ㉣
2 (1) 나누었다 (2) 부르는 (3) 이로써
3 (1) 대치 (2) 배치

2 (3) '이로써'는 '이렇게 함으로써'를 뜻합니다.

신나는 퍼즐 퍼즐
● 143쪽

미	❺상	호	작	용	❻사	랑	❷폐	백
재	❼인	사	가	나	모	자	회	사
현	족	공	화	관	관	모	존	❽피
❾동	두	부	지	생	대	중	❿이	난
질	리	교	감	능	율	❹편	산	북
성	사	❶결	풍	활	견	사	가	한
려	혼	수	요	❸입	양	가	족	가
식	사	예	질	고	령	화	소	족

힌트
❶ 부부가 되기를 약속하는 의식. 비슷 혼례
❷ 신부가 처음으로 시부모를 뵐 때 큰절을 하고 올리는 물건. 또는 그런 일. 예 □□을 드리다.
❸ 옛날 벼슬아치들의 복장이었으나, 전통 혼례 때 신랑이 입기도 한 옷차림.
❹ 공정하지 못하고 한쪽으로 치우친 생각. 예 □□을 버리다.
❺ 사람이 다른 사람이나 사물과 서로 관계를 맺는 모든 과정과 방식.
❻ 혈연관계가 아닌 아이를 데려와 부모와 자식의 관계를 맺어 키울 수 있게 법적으로 인정해 주는 제도.
❼ 인간의 지능이 가지는 학습·추리·적용 따위의 기능을 갖춘 컴퓨터 시스템.
❽ 재난을 피해 멀리 옮겨 감.
❾ 사람이나 사물의 바탕이 같은 성질이나 특성. 반대 이질성
❿ 남북 분단 따위의 사정으로 이리저리 흩어져서 서로 소식을 모르는 가족. 예 □□□□ 상봉